있는 그대로 튀르키예

나의 첫 다문화 수업 10
있는 그대로 튀르키예

초판 1쇄 발행 2023년 6월 10일
초판 2쇄 발행 2024년 7월 20일

지은이 알파고 시나씨

기획편집 도은주, 류정화
마케팅 이수정
표지 일러스트 엄지

펴낸이 윤주용
펴낸곳 초록비책공방

출판등록 제2013-000130
주소 서울시 마포구 동교로27길53 지남빌딩 308호
전화 0505-566-5522 팩스 02-6008-1777

메일 greenrainbooks@naver.com
인스타 @greenrainbooks @greenrain_1318
블로그 http://blog.naver.com/greenrainbooks

ISBN 979-11-91266-93-1 (03930)

어려운 것은 쉽게 쉬운 것은 깊게 깊은 것은 유쾌하게

초록비책공방은 여러분의 소중한 의견을 기다리고 있습니다.
원고 투고, 오탈자 제보, 제휴 제안은 greenrainbooks@naver.com으로 보내주세요.

있는 그대로 튀르키예

알파고 시나씨 지음

초록비책공방

한국과 튀르키예는 형제 나라?

고등학교 3학년 시절 대학 입시를 앞두고 어느 대학에 갈까 고민했다. 튀르키예에서도 좋은 대학에 갈 수 있었지만 해외에서 공부하고 싶었다. 유학을 계획하던 친구들은 미국이나 영국, 독일과 같은 나라에 가기를 원했지만 나는 아시아 나라에 관심이 있었다. 일본으로 갈까, 싱가포르로 갈까 고민하던 중 "아시아에 가려면 형제의 나라 한국으로 가야지."라는 기하학 선생님 말씀에 유학 갈 나라 후보지에 '한국'도 추가했다. 하지만 메모장 한 귀퉁이에 '한국'이라는 나라를 끄적이면서도 '형제의 나라'라는 선생님의 말씀이 잘 이해되지는 않았다.

고구려 시대부터 시작된 형제애

"한국과 튀르키예는 언제부터 형제 나라가 되었을까?"라고 물으면 많은 사람이 한국전쟁에 튀르키예가 참전하면서부터라고 생각한다. 하지만 한국과 튀르키예의 형제애는 그보다 훨씬 더 오래되었다.

기원전 37년에 건국된 고구려는 한국 역사상 가장 넓은 영토를 확장했던 왕국이다. 서북쪽으로 영토를 확장한 탓에 고구려는 돌궐이라는 나라와 사이가 좋지 않았다. 그러나 '모든 사랑은 싸움에서 시작된다'는 말도 있듯이 고구려와 돌궐은 당나라가 중국을 재통일한 후 적국에서 동맹국으로 돌아섰다. 그당시 전 세계에서 가장 강력했던 당나라의 위협에 맞서 군사적으로 형제의 관계를 맺은 것이다. 대립 관계로 시작되었지만 고구려와 동맹국이 된 돌궐이 바로 튀르키예의 조상이다. 즉 한국과 튀르키예의 형제와 같은 관계는 60여 년 전이 아닌 1,500년 전부터이다.

한국전쟁에 참전한 튀르키예

하지만 고구려와 돌궐의 동맹 관계는 계속될 수 없었다. 돌궐이 멸망한 후 유럽으로 이주했기 때문이다. 그렇게 1,000년 넘게 교류가 없었던 이 형제 민족은 한반도의 가장 비극적인 시기에 다시 만나게 되었다.

1945년 일본에서 독립한 대한민국은 3년 후 조국이 분단되고 곧이어 전쟁이 발발했다. 남한과 미국은 북한의 침략을 막기 위해 국제 연합군에 도움을 요청했고 그 요청에 가장 먼저 응한 나라가 튀르키예다. 한국전쟁 당시 튀르키예군은 중공군과의 전투에 투입되어 전사자 1,000여 명, 포로 229명, 전상 5,247명, 실종 167명의 피해를 보았다. 튀르키예군의 피해 규모는 미국 다음으로 컸다. 1,000년 만에 한국인들과 같이 피를 흘린 튀르키예 사람들은 한국의 비극적인 전쟁을 계기로 다시 형제애를 나누었다.

한국인들의 남다른 이스탄불 대지진 지원 활동

한국이 비극에 빠져 있을 때 튀르키예가 적극적으로 도와주었듯이 한국도 마찬가지였다.

1999년 이스탄불에서 대지진이 일어났을 당시 많은 나라가 인도적 지원을 펼쳤고 한국 정부는 7만 달러 정도의 구원 자금을 보냈다. 그러나 일본이 600만 달러, 대만이 250만 달러, 방글라데시가 10만 달러라는 지원금을 보냈다는 소식이 들려오자 한국의 지식인들은 미안한 마음에 튀르키예 지진 모금 운동을 벌였다. 40일 동안 23억 달러가 모인 이 모금 운동을 튀르키예 방송국은 다큐멘터리로 제작해 방영했고 그 방송을 본 튀르키예 국민들은 크게 감동했다.

월드컵 역대 가장 감동적인 축구 경기

힘든 일이 있을 때 서로 도움을 주고받았던 한국 사람들과 튀르키예 사람들은 즐거운 일로 다시 만나기를 희망했다. 그리고 그 바람은 2002 한일 월드컵에 튀르키예가 참가하면서 이루어졌다.

튀르키예는 축구를 잘하는 나라이지만 1954 스위스 월드컵 이후 월드컵에 나간 적이 없다. 그러나 2002년에는 한국에서 활동했던 세뇰 귀네슈 감독의 지도 아래 튀르키예 대표 팀이 한일 월드컵에 진출했다.

월드컵 우승 후보인 브라질과 같은 조였던 튀르키예 대표 팀은 50년 전 한반도에 와서 피를 흘린 그들의 할아버지를 떠

올리며 브라질과 맞붙었지만 결국 경기에서 졌다. 한국 역시 또 다른 우승 후보였던 독일에 패했다. 그 결과 한국과 튀르키예는 4강전에서 맞붙었다.

한국과의 경기는 튀르키예 대표팀에게 특별한 의미가 있었다. 튀르키예 사람들은 월드컵 동안 늘 튀르키예를 응원했던 한국 관중들이 한국 대표 팀과 맞붙었을 때 누구를 응원할지 궁금해했다. 마침내 튀르키예 대표 팀이 경기장에 입장했을 때 카메라에 비친 관중석의 모습을 튀르키예 사람이라면 잊을 수가 없을 것이다. 관중석에 커다란 튀르키예 국기가 펼쳐져 있었고 관중들은 한국 선수 못지않게 튀르키예 대표 팀을 열렬히 응원했다. 정말 형제처럼 양 팀을 함께 응원했다. 그러한 관중들에게 보답하고자 선수들은 최선을 다해 경기에 임했다.

경기가 끝난 후 선수들은 서로의 축구복을 바꿔 입고 튀르키예 선수들은 태극기를, 한국 선수들은 튀르키예 국기를 휘날리며 관중에게 인사했다. 한국과 튀르키예 대표 팀의 형제 같은 모습 덕분에 2002 한일 월드컵 4강전은 '역대 월드컵 사상 가장 감동적인 경기'로 평가받고 있다.

기하학 선생님의 한마디에 한국에 관해 관심을 갖게 된 나는 19년 동안 한국에 살면서 매 순간 튀르키예 홍보 대사로 활동하고 있다. 그러한 경험을 토대로 지인들에게 튀르키예에 대한 이야기를 들려주었을 때 가장 관심 있어 하는 부분과 한국 사람들이 튀르키예를 이해하고자 할 때 반드시 알아야 할 내용을 이 책에 담았다.

이 책을 다 읽고 나면 튀르키예에 대한 기본 상식뿐 아니라 튀르키예 사람을 만났을 때 형제까지는 아니더라도 이웃 사람 같은 친근함이 느껴질 것이다. 왜냐하면 이 책의 목적은 튀르키예에 대한 단편적인 지식만을 제공하는 것이 아니라 독자와 튀르키예 사이에 감정적인 다리를 놓고자 하는 것이기 때문이다.

 2부 튀르키예 사람들의 이모저모

3부 역사로 보는 튀르키예

4부 문화로 보는 튀르키예

5부 여기를 가면 튀르키예가 보인다

퀴즈로 만나는
튀르키예

이 책을 보기 전에 알아두면 좋을 튀르키예에 대한 기본적인
정보를 퀴즈로 담았다. 정답을 맞히지 못하더라도 퀴즈를 풀다
보면 튀르키예에 대한 호기심이 조금씩 생길 것이다.

Q1.

"

튀르키예는 아시아인가요?
유럽인가요?

"

Answer. 정확하게 말할 수 없다.

튀르키예는 지정학적으로는 유럽 대륙에 속해 있으며 축구나 노래를 비롯한 각종 스포츠 그리고 문화계 행사에 유럽의 일원으로 참여하고 있다. 또한 유럽연합^{EU}에도 가입하려고 한다. 역사적으로 보더라도 튀르키예 역사의 마지막 500년에는 유럽 국가들이 등장하고 있기 때문에 유럽의 역사를 서술할 때 튀르키예와의 관계를 설명하지 않고서는 이야기할 수 없다.

그렇지만 문화와 관습적인 면에서 보면 튀르키예는 아시아 국가들과 비슷하다. 예를 들어 튀르키예 동부 지역에서는 아직도 사람들이 바닥에서 자고 바닥에 상을 펴고 식사한다.

이처럼 튀르키예의 겉모습은 유럽과 비슷하지만 튀르키예 사람들의 생활 방식이나 문화는 아시아와 더 가깝다고 말할 수 있다.

● 유럽 대륙과 아시아 대륙 모두에 속해 있는 튀르키예

Q2.

튀르키예의 수도는 어디일까요?

❶ 이스탄불 **❷** 앙카라 **❸** 안탈리아
❹ 이즈미르 **❺** 카파도키아

Answer. ❷ 앙카라

튀르키예에서 가장 큰 국제공항이 이스탄불에 있어서인지 대부분의 사람이 튀르키예의 수도를 이스탄불이라고 생각한다. 이스탄불은 로마 제국 때부터 수도 역할을 했으며 튀르키예의 전신인 오스만 제국까지 그 역할을 계속 담당했다. 그러나 오스만 제국이 1차 세계대전에 패하자 연합군이 이스탄불을 점령했고 튀르키예 해방군이 앙카라에서 편성되어 해방전쟁을 일으켰다. 이를 계기로 새로 탄생한 튀르키예 공화국의 수도는 앙카라로 정해졌다.

● 이스탄불(위)과 앙카라(아래)

튀르키예의 국민 작가이자
2006년 노벨 문학상을 받은
사람은 누구일까요?

❶ 엘리프 샤팍 ❷ 아니 에르노
❸ 오르한 파묵 ❹ 쥘퓌 리바넬리 ❺ 아지즈 네신

Answer. ❸ 오르한 파묵

1952년 이스탄불에서 태어난 오르한 파묵은 이스탄불 공과대학에서 3년간 건축학을 공부했으나 소설가가 되기로 결심하고 학교를 자퇴했다. 그는 2006년 튀르키예 최초로 노벨 문학상을 받았다. 대표적인 작품으로는 《내 이름은 빨강》, 《고요한 집》, 《하얀 성》 등이 있다.

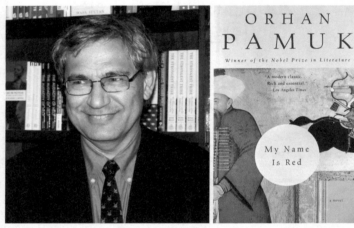

● 오르한 파묵과 그의 대표작 《내 이름은 빨강》

Q4.

튀르키예의 국교는
이슬람교인가요?

Answer. 아닙니다.

튀르키예 사람들 대다수가 무슬림이다 보니 튀르키예의 국교를 이슬람교라고 생각한다. 튀르키예의 전신인 오스만 제국은 이슬람 국가였지만 튀르키예 공화국이 수립되고 1928년 정부는 세속주의를 선포함으로써 튀르키예의 국교는 지정되어 있지 않다. 튀르키예에서는 종교의 자유가 보장되기 때문에 어떤 종교라도 믿을 수 있지만 튀르키예 인구의 98퍼센트가 이슬람교를 믿기 때문에 이슬람교가 튀르키예에서 가장 영향력 있는 종교임은 틀림없다.

● 에디르네의 랜드마크인 셀리미예 이슬람 사원

Q5.

튀르키예의 공용어는
무엇인가요?

Answer. 튀르키예어

한국 사람들이 한국어를, 일본 사람들이 일본어를 사용하듯이 튀르키예 사람들도 튀르키예어를 쓴다. 튀르키예어는 한국어, 일본어와 같은 우랄 알타이 계통이다. 그래서 한국어와 문법적으로 상당히 비슷하다. 한국어와 튀르키예어는 어순이 같다 보니 한국 사람이 배우기 쉬운 언어 중 하나가 튀르키예어이다. 이슬람 국가였던 오스만 제국 시절에는 튀르키예어를 아랍 문자로 표기했지만 지금은 라틴 문자로 표기하고 있다. 튀르키예에서는 이슬람 사원 이외에 아랍 문자로 된 간판을 보기가 어렵다. 튀르키예 사람들은 식민지 경험이 없다 보니 다른 나라 언어를 잘하지 못한다. 학교마다 가르치는 외국어가 다양하기 때문에 영어로 인사말조차 못하는 사람도 많다.

● 튀르키예어 간판

1부

메르하바!
튀르키예

좋은 친구는 천국으로
나쁜 친구는 지옥으로 데리고 간다.

유럽과 아시아 대륙에
걸쳐 있는 나라

국호 변경의 배경

2022년 6월 1일 유엔이 승낙하면서 '터키 공화국'의 공식 명칭이 '튀르키예 공화국'으로 변경되었다. 예전 국명의 영문 표기인 'Turkey'는 '칠면조'의 영문 철자와 동일했고, '겁쟁이, 패배자'라는 의미였기 때문에 국명에 대한 이슈가 항상 있었다. 그렇다면 왜 튀르키예의 옛 국명 터키와 칠면조의 영문 표기는 어떤 이유로 같아졌을까?

칠면조라는 새는 영국인이 미주 대륙으로 이주하면서 발견되었고, 튀르키예는 훨씬 전부터 'Turkey'라는 국명을 사용하고 있었다. 11세기 이탈리아 문서를 보면 튀르키예의 국명이

'Turcia'라고 명기되어 있다. 즉 칠면조를 의미하는 'Turkey'보다 나라 이름으로 'Turkey'라는 표기법이 먼저 사용된 것이다.

16세기 전후로 인도 상인을 통해 중동, 러시아 지역을 거쳐 유럽에 건너간 '뿔닭'이라는 동물이 있었는데 이를 'Turkey Bird', 즉 '튀르키예에서 온 새'라고 불렀다.● 후에 유럽에서 북미 대륙으로 넘어간 개척자들은 그곳에서 'Turkey Bird'와 비슷한 새를 보게 되는데 그것이 바로 '칠면조'였다. 이 새는 처음에는 '터키 새'라고 불리다가 나중에는 줄여서 '터키'라고 불렸고, 이때부터 튀르키예의 옛 국명 'Turkey'와 북미 대륙에서 발견된 칠면조 'Turkey'의 영문 철자가 동일해졌다.

두 개의 반도로 구성된 튀르키예

두 개의 반도로 구성된 튀르키예는 아시아와 유럽 두 대륙에 걸쳐 있다. 국토의 3퍼센트를 차지하고 있는 트라키아반도는 유럽 대륙에 속해 있으며, 국토의 97퍼센트를 차지하고 있

● 튀르키예 사람들은 뿔닭을 'Hindi(인도)'라고 불렀다. 당시 희귀한 동식물을 접한 사람들은 그것의 이름을 모르면 그 동식물이 발견된 태생지를 이름으로 지었다. 튀르키예 사람들 입장에서 뿔닭은 인도 상인들에 의해 처음 접한 것이므로 뿔닭의 태생지를 인도라고 생각해 'Hindi'라고 불렀고, 영어권 나라에서는 뿔닭의 태생지가 튀르키예라고 생각했기 때문에 'Turkey'라고 불렀던 것이다.

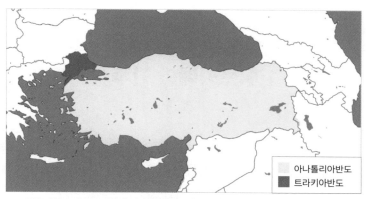

● 유럽 대륙과 아시아 대륙에 걸쳐 있는 튀르키예

는 아나톨리아반도는 아시아 대륙에 속해 있다. 튀르키예의 주
요 도시인 이스탄불 또한 두 대륙에 걸쳐 있다.

한국에서도 육지 문화와 제주도 문화가 다르듯이 튀르키예
또한 두 반도 사이에 지역적 특색이 있다. 예를 들어 트라키아
반도에 사는 사람들은 독특한 사투리를 쓰는데 튀르키예 표준
어와 완전히 다르다. 알아듣지 못할 정도는 아니지만 아나톨리
아반도에 사는 사람들은 트라키아반도 사람들의 사투리를 신
기하다고 느낀다. 또한 트라키아반도는 그리스와 불가리아 같
은 유럽 대륙과 접해있다 보니 서양의 문화적 영향을 가장 많
이 받았다. 히잡을 쓴 여성이 많지 않고 음주 문화도 발달했다.

지역에 따라 다른 튀르키예의 기후

뚜렷하게 구분되어 있는 사계절

한국과 마찬가지로 튀르키예에도 사계절이 있어 한국 친구들과 만나면 계절에 관해 이야기하곤 한다. 한국은 봄과 가을이 비교적 짧지만 튀르키예는 봄, 여름, 가을, 겨울이 3개월씩 비슷하다. 그러나 모든 지역의 기후가 똑같지는 않다. 지중해에 접해 있는 지역에서는 겨울을 경험할 수 없고, 동아나톨리아 지역에서는 여름을 경험할 수 없다.

반도 국가인 튀르키예의 기후는 바다의 영향을 많이 받는다. 서쪽에는 에게해, 북쪽에는 흑해, 남쪽에는 지중해가 접해 있으며 북서쪽에는 마르마라해가 있다. 바다가 인접해 있는 해

● 튀르키예는 지형에 따라 일곱 개의 지역으로 나눈다.

안가 지역은 1년 내내 습도가 높다.

또한 튀르키예의 기후는 바다뿐 아니라 산맥에 의해서도 영향을 받는다. 쾨로을루 산맥과 도우 산맥(폰토스 산맥)이 바다와 평행으로 이어져 있는 북부 지역과 토로스 산맥(타우루스 산맥)이 바다와 평행을 이루며 뻗어 있는 남부 지역은 흑해나 지중해에서 올라온 수증기가 산맥에 가로막혀 내륙으로 들어가지 못하다 보니 북부와 남부 해안 지역은 비가 자주 오지만 내륙 지역은 건조하다.

반면 산맥들이 바다와 수직으로 뻗어있는 서부 지역에서는 바다에서 올라온 수증기가 내륙으로 쉽게 들어간다. 그래서 서부 지역은 해안 지역이지만 북남부의 내륙 지역 기후와 비슷하다. 모든 지역이 습도가 비슷하고 비도 자주 오는 편이 아니다.

바다와 산맥의 영향으로 튀르키예의 기후는 서부 해안 지역과 북남부 해안 지역이 완전히 다르고, 산악 지역인 튀르키예 중앙 지역과 동부 지역 또한 완전히 다른 기후를 가지고 있다.

이처럼 튀르키예는 지형에 따라 기후와 문화가 다른 일곱 개의 지역으로 나뉜다. 동쪽에서부터 동아나톨리아 지역, 동남 아나톨리아 지역, 중앙아나톨리아 지역, 흑해 지역, 지중해 지역, 마르마라 지역, 에게해 지역이다.

동아나톨리아 지역

조지아, 아르메니아, 아제르바이잔, 이란, 이라크와 국경이 닿아있는 이 지역은 산악 지형이 발달했다. 유프라테스강, 티그리스강, 아라스강 등 여러 강의 수원지이며, 튀르키예에서 가장 큰 호수인 반호와 튀르키예 최고봉인 아라라트산(5,165미터)이 있다. 나의 고향인 으드르도 이 지역에 있다.

동아나톨리아 지역은 대륙성 기후로 겨울에는 상당히 춥고 여름에는 덜 덥다. 특히 북부 도시 중에는 여름이 되어도 눈이 녹지 않는 곳도 있다. 그러나 으드르와 같이 높은 산 사이에 있는 낮은 평야 지역은 겨울에는 많이 춥지 않고, 여름에도 많이 덥지 않아 살기에 좋다. 산으로 둘러싸여 있는 지형이 자연적인 냉난방 역할을 하고 있는 셈이다.

동아나톨리아 지역의 대표적인 도시는 에르주룸이다. 이곳

● 반호 　　　　　　　　● 아라라트산

에서는 여름에 가끔 눈이 내리기도 한다. 유서 깊은 도시인 만큼 역사 유적지도 많다. 대표적인 유적지로는 야쿠티예 학당이 있는데 칭기즈 칸 사후 몽골 제국이 분단되면서 생긴 일 칸국이 만든 학당으로, 몽골 사람들이 튀르키예에 만들어 놓은 유일한 건축물이다.

동남아나톨리아 지역

동남아나톨리아 지역은 지리 형상뿐 아니라 민족 구성도 튀르키예에서 가장 특색 있다. 역사적으로 오래된 성당이나 교회가 많고 예수의 고유 언어라고 알려진 '아람어'로 예배를 올리는 교회도 있다. 이 지역 사람 중에는 그들의 고유 언어만 사

● 마르딘 구도심의 유서 깊은 건물들

용해서 튀르키예어를 아예 모르는 사람도 많다. 튀르키예에는
튀르크족 외에도 쿠르드족, 아랍계 민족을 비롯해 많은 민족
이 살고 있지만 민족 구성이 가장 다양한 곳이 바로 동남아나
톨리아 지역이다.

　이 지역은 바다와 연결이 되어 있지 않아 기후가 아라비아
지역과 비슷하다. 겨울에는 춥고 여름에는 극단적으로 건조하
며 매우 덥다. 비도 거의 내리지 않는데 한국의 장마철을 제외
한 시기에 내리는 비의 양과 이 지역의 우기에 내리는 비의 양
이 비슷할 정도이다.

동남아나톨리아 지역의 대표적인 도시는 마르딘으로, 도시의 분위기가 이라크나 시리아와 비슷하다. 기후부터 건축물까지 아랍에 있는 도시 같다. 1,000년이 넘은 교회, 성당 및 이슬람 사원 등 마르딘의 구도심 곳곳에 있는 건물들은 모두 유네스코 세계 문화유산에 등재되어 있다.

중앙아나톨리아 지역

중앙아나톨리아 지역 또한 바다와 접해 있지 않아 동아나톨리아 지역의 기후와 비슷하지만 동부 지역보다는 날씨가 온화하다. 수도인 앙카라가 자리해 있으며, 산악 지대가 있어서 동부 지역보다 농업이 발달했다.

앙카라 이외에 대표 도시로는 콘야가 있다. 셀주크 제국의 수도였던 콘야 지역에는 많은 유적지가 있다. 세계적으로 유명한 이슬람 사상가인 마울라나 잘랄루딘 루미*Jalāl ad-Dīn Muhammad Rūmī*가 활동했던 곳이기도 하다. 200만 명 이상이 살고 있는 콘야는 산업과 농업이 발달되어 있어 튀르키예의 정치 경제 분야에 많은 영향을 끼치고 있다.

중앙아나톨리아 지역은 소금호수로도 유명하다. 앙카라와 콘야 사이에 있는 소금호수는 말 그대로 소금으로 되어 있고, 튀르키예 사람들이 먹는 소금의 40퍼센트가 여기에서 생산된

● 소금호수

다. 일반적인 호수와 화학적인 특징이 다르기 때문에 소금호수 주변을 산책하면 왠지 우주여행을 하는 느낌이다.

흑해 지역

쾨로을루 산맥과 도우 산맥이 바다와 평행으로 뻗어있는 지형적 특성으로 흑해에서 올라온 수증기가 내륙으로 들어가지 못하고 물방울로 전환된다. 그 영향으로 흑해 지역에는 비가 많이 온다. 이 지역의 기후는 전라남도 보성과 비슷하다.

비슷한 기후 탓인지 이 지역 사람들 또한 한국 사람들과 정

● 트라페준타 제국의 성당. 이스탄불에 있는 성 소피아 성당과 똑같은 모습으로 지었다.

서와 성향이 비슷하다. 튀르키예에서 가장 부지런한 사람들이 며 식문화도 한국과 유사한 점이 많다. 이 지역 사람들은 주로 차와 옥수수를 생산하고 소비한다. 해산물 또한 풍부하다. 헤 이즐넛은 흑해 지역의 특산물로 여름에는 지역 주민 대부분이 헤이즐넛 과수원에서 일한다.

흑해 지역의 대표적인 도시는 트라브존이다. 트라브존은 트 라페준타 제국의 수도였으며, 트라페준타 제국은 쿠데타로 잔 인하게 살해당한 비잔틴 제국 황제 안드로니코스 1세 콤네노 스*Ανδρόνικος Α' Κομνηνός*의 손자들이 트라브존으로 피신해 세운 제 국이다. 트라브존에는 이 시대에 세워진 기독교 유적지가 많다.

축구에 관심 있는 사람이라면 이 도시의 이름이 낯설지 않을 것이다. 국가 대표 출신 이을용 선수가 트라브존 축구팀인 트라브존 스포르에서 활동했고, FC서울의 감독을 맡았던 셰놀 귀네슈*Şenol Güneş* 또한 트라브존 출신이기 때문이다.

지중해 지역

흑해 지역처럼 토로스 산맥이 지중해와 평행으로 뻗어있다. 남쪽에 위치해 있어 흑해 지역보다 훨씬 따뜻하다. 덕분에 러시아와 독일을 비롯한 유럽인들이 상대적으로 비싼 스페인이나 이탈리아 대신 여행을 오기도 한다.

지중해 지역에서 가장 유명한 도시는 안탈리아이다. 2017년에 열린 G20 정상회담과 같은 국제 행사가 많이 열리는데, 이는 이 도시가 따뜻하고 깨끗하기 때문이기도 하지만 봄이 시작할 때쯤 바다에서는 수영을, 산에서는 스키를 즐길 수 있는 기후도 한몫하고 있다.

독특한 기후 외에도 고대 문명과 도시 국가 시대 그리고 로마 제국 시절의 유적지가 많아 안탈리아는 국제적으로 핫한 여행지로 뜨고 있다.

● 안탈리아 시내

● 안탈리아에 있는 아폴론 신전

마르마라 지역

　서울 혹은 경기도와 비슷한 기후를 갖고 있어 겨울에는 춥고, 여름에는 따뜻하며, 봄과 가을을 뚜렷하게 느낄 수 있다. 다만 한국의 장마철 같은 우기는 없다.

　마르마라 지역은 튀르키예 산업의 허브 역할을 하는 곳으로 공장이 많다. 아시아와 유럽에 동시에 속해 있는 도시인 이스탄불, 에게해와 마르마라해를 연결하는 다르다넬스(튀르키예어로 차낙칼레) 해협, 마르마라해와 흑해를 연결하는 보스포루스(튀르키예어로 이스탄불) 해협이 있기 때문이다. 이러한 지정학적 위치 덕분에 마르마라 지역은 산업적으로 발달했다.

　이스탄불 이외에 대표적인 도시로는 에디르네가 있다. 오스만 제국이 이스탄불을 정복할 때까지 수도 역할을 한 이 도시에는 수많은 유적지가 있다. 또한 그리스와 불가리아에 접해 있어 서양 문화를 많이 받아들인 곳으로 알려져 있다.

에게해 지역

　에게해 지역의 수도 역할을 하는 이즈미르라는 도시에서 고등학교를 다닌 나는 이 지역의 날씨를 가장 좋아한다. 이즈미르는 바닷가 도시인데 여름에는 에게해에서 올라오는 수증기

● 한때 에디르네역이었던 에디르네대학 건물

● 이즈미르에 있는 에페소스 고대 도시 유적지

탓에 습도가 높고 체감 온도도 높지만 겨울은 10~20년에 한 번 정도나 눈이 내릴 만큼 온화하다.

이 지역은 역사 유적지, 기후, 문화, 음식 등이 그리스와 비슷하고 에게해 지역의 대표 도시인 이즈미르는 한국의 군산과 비슷하다. 고대 그리스 도시 국가 시대와 로마 제국 시절의 유적지도 많지만 튀르키예의 현대화를 상징하는 건물도 많기 때문이다. 군산의 해안가를 따라가다 보면 조선 시대를 시작으로 대한제국을 거쳐 현대화된 대한민국을 느낄 수 있듯 이즈미르 또한 비슷하다.

튀르키예의 대표 도시, 앙카라와 이스탄불

TV 예능 프로그램 단골 게임 중 세계 각 나라의 수도를 맞추는 퀴즈가 있다. 한국 사람들과 세계 나라의 수도에 관해 이야기하다 보면 대부분이 튀르키예의 수도를 '이스탄불'이라고 알고 있다. 마치 오스트레일리아라고 하면 가장 먼저 생각나는 도시가 시드니인 까닭에 시드니를 오스트레일리아의 수도로 생각하는 경우와 비슷하다.

튀르키예의 수도, 앙카라

튀르키예의 수도는 앙카라이다. 오스만 제국의 수도였던 이

● 앙카라에 있는 케말 파샤의 영묘

스탄불은 1차 세계대전에서 패하면서 연합군에게 점령당했고
이에 대항해 튀르키예 해방군은 앙카라를 중심으로 항전을 벌
였다. 마침내 해방군은 연합군을 쫓아내 혁명을 일으켰고 앙카
라를 수도로 삼아 '튀르키예 공화국'을 선포했다. 그때부터 앙
카라는 튀르키예의 수도가 되었다. 오스만 제국 시대 아나톨리
아반도의 핵심 지역 중 하나였던 앙카라는 1차 세계대전 이후
튀르키예 공화국의 수도가 되었다.

앙카라는 오직 행정 도시의 역할을 하고 있어서 관광객들이
자주 찾는 곳은 아니다. 그러나 요즘 들어 문화 탐방지로 재조
명받고 있다. 앙카라는 역사적으로 유서가 깊은 도시이다. 아
나톨리아 중서부 지역에 있던 고대 프리기아 왕국의 수도가 고

르디움이었는데 이곳이 바로 현재의 앙카라이다.

앙카라에는 튀르키예의 국부인 케말 파샤*Kemal paşa*의 묘비와 히타이트, 프리기아 등 고대 문명 유적지가 있다.

튀르키예의 대표 도시, 이스탄불

튀르키예의 전체 인구는 약 8,000만 명이다. 그중 1,500만 명이 이스탄불에 살고 있다. 이스탄불은 튀르키예에서 가장 큰 도시이자 경제, 금융, 문화의 중심지이다. 유네스코는 1985년 이스탄불을 세계 문화유산으로 올렸다. 2010년 유럽의 문화 수도로, 2012년 유럽의 스포츠 수도로 지정된 이스탄불은 전 세계에서 핵심 도시로 자리 잡았다.

이스탄불의 역사는 로마 제국 이전으로 올라가야 한다. 맨처음 고대 그리스 사람들이 이 지역에 '비잔틴'이라는 식민지를 세웠다. 민주주의와 비슷한 체제로 통치를 받은 이 도시 국가는 그 당시 크게 주목받지 못했지만 기원전 2세기 로마 제국이 이 도시를 정복하면서 부상하기 시작했다. 4세기 초 로마 제국의 황제 콘스탄티누스 1세*Constantinus I*가 로마에서 이스탄불로 수도를 옮기면서 왕국 이름도 비잔틴 제국에서 '노바 로마*Nova Roma*', 즉 '새로운 로마'로 개명했다. 그 후 로마 제국이 동서로 분단되면서 동로마 제국은 비잔틴 제국으로, 노바 로마

● 아시아 대륙과 유럽 대륙을 잇는 파티흐 술탄 메흐메트 다리

는 콘스탄티나폴리스로 불렸다. 1453년 오스만 제국은 비잔틴 제국을 정복하면서 이스탄불을 오스만 제국의 수도로 삼았다.

튀르키예에서 가장 큰 국제공항이 이스탄불에 있으며, 해외 항공사의 튀르키예 노선 대부분이 앙카라 국제공항이 아니라 이스탄불 국제공항을 이용하고 있다. 수많은 국제 행사가 거행되는 이스탄불은 아시아와 유럽 대륙에 걸쳐 있는 지정학적 특성으로 인해 전 세계에서 중요한 위치를 차지하고 있다.

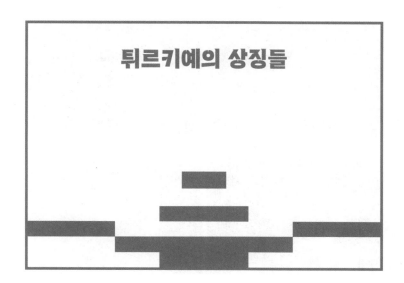

튀르키예의 상징들

붉은 하늘에 있는 달과 별, 튀르키예 국기

모든 나라의 국기는 그 나라를 상징하는 역할을 하며 국기에 의미를 담고 있다. 튀르키예 국기 또한 마찬가지이다. 튀르키예 국기를 보면 빨간 바탕에 달과 별이 있다. 많은 사람이 달과 별이 있는 하늘이 왜 파란색이 아니라 빨간색인지 궁금해한다. 그 이유를 알려면 튀르키예 국기에 얽힌 전설을 살펴보아야 한다.

튀르키예의 전신인 오스만 제국은 제국 초기에 서구 세력들과 치열한 전쟁을 많이 벌였다. 수많은 전쟁 끝에 오스만 제국은 승리했지만 그 승리는 수많은 군인이 희생한 결과였다. 전

● 튀르키예 국기　　　　　　　　● 초기 오스만 제국의 국기

● 중기 오스만 제국의 국기　　　　● 오스만 제국의 공식 국기

장을 돌아다니던 술탄은 군인들의 피로 붉게 물든 땅에 비친 달과 별을 보고 감동하였고 이를 계기로 빨간 바탕에 달과 별을 그려 국기로 삼았다.

　오스만 제국이 현대화되는 과정에서 국기의 모양은 여러 차례 바뀌었다. 현재의 튀르키예 국기가 공식적으로 규정된 것은 1844년부터이다. 예전에는 국기에 있는 별이 8각 또는 5각으로 그려졌으며 국기의 바탕색도 흰색, 빨간색, 초록색을 사용했다고 한다.

　튀르키예는 국기를 국장으로도 사용하고 있다. 국장에 대한

● 다양한 형태로 변형되어 사용되는 튀르키예 국장

공식 규정이 없다 보니 여러 가지 형태로 변형해 국가 문서에
사용하고 있다.

튀르키예의 국화, 튤립

한국으로 귀화하려는 외국인이 한국 국적을 취득하려면 귀
화 시험에 통과해야 한다. 그 시험은 법무부에서 주최하는 사
회 통합 프로그램이라는 교육 과정을 이수해야 볼 수 있는데
그 교육 과정에서 가장 먼저 가르치는 내용이 대한민국의 수
도, 태극기의 의미, 그리고 국화가 무궁화라는 것이다. 그만큼
한 나라의 국화는 나라를 상징하는 중요한 요소로 여겨진다.

튀르키예의 국화는 '튤립'이다. 튤립을 국화로 삼은 나라
는 튀르키예 외에도 아프가니스탄, 이란, 헝가리, 네덜란드가
있다. 튤립이라고 하면 대부분 네덜란드를 가장 먼저 떠올린

● 튤립

다. 그 때문에 튤립의 원산지를 유럽이라고 생각하지만 이는 사실이 아니다. 튤립의 원산지는 힌두쿠시 산맥과 톈산 산맥의 주변 지역으로 오늘날의 아프가니스탄이다. 튀르키예 민족의 조상인 돌궐족은 당나라에 의해 멸망해 다른 지역으로 이주할 수밖에 없었는데, 이때 돌궐의 후손들이 튤립의 씨앗을 가지고 갔고 정착한 지역에 씨를 뿌려 꽃을 피워 냈다. 이후 이들이 유럽으로 이주하자 튤립의 씨앗 또한 유럽으로 퍼져나갔다.

화려함의 상징인 튤립은 오스만 제국의 자부심이기도 했다. 오스만 제국 황제는 사절단을 통해 유럽 국왕들에게 튤립을 선물로 보냈는데 그중 네덜란드 왕이 튤립의 매력에 푹 빠져 네덜란드 곳곳에 튤립을 심었다. 그 결과 16세기 네덜란드를 통해 유럽 곳곳에 튤립이 심어졌고 네덜란드는 튤립의 주요 수출국으로 자리매김했다.

튤립의 어원이 라틴어인 '툴리파*Tulipa*'라고 잘못 알려져 있는데 '튤립*Tulip*'은 튀르키예어에서 파생된 것이다. 튀르키예 사람들은 이슬람 여성이 쓰는 히잡을 '터번*Turban*'이라고 부르는데 이 터번이 튀르키예어로 '튈벤드*Tulbend*'이고, 이 말이 튤립의 어원이 된 것이다. 튀르키예 문학에서도 히잡 혹은 히잡을 쓴 예쁜 여자를 튤립에 많이 비유한다.

튀르키예 국가

한국의 애국가와 거의 비슷한 시기에 제정된 튀르키예 국가는 메흐메트 아키프 에르소이*Mehmet Âkif Ersoy*와 오스만 제키 윈괴르*Osman Zeki Üngör*가 작사, 작곡했으며 1921년에 공식 국가로 채택되었다. 10절로 구성된 메흐메트 아키프 에르소이의 시에서 2절까지만 튀르키예의 국가로 활용하고 있다.•

튀르키예 공화국이 선포되고 나서 국가의 필요성을 느낀 정부는 국가를 공모했는데 여기에서 우승한 메흐메트 아키프 에르소이는 상금을 거절했다. 그 시는 돈을 벌기 위함이 아니라 애국심으로 썼다는 것이다.• 우승 상금은 적승달회•에 기부되었다.

• 메흐메트 아키프 에르소이는 원래 시를 10절로 썼지만 국가로 채택된 것은 첫 번째 절과 두 번째 절이다. 튀르키예 초등학생들은 10절까지 모두 외우지만 공식 행사에서는 두 개의 절만 부른다.
• 우승 상금까지 거절한 메흐메트 아키프 에르소이는 튀르크족이 아닌 알바니아족이다.
• 튀르키예의 적십자회 같은 기관

Korkma, sönmez bu şafaklarda yüzen al sancak
두려워 마오, 붉은 깃발이 새벽 속에서 파도를 이루면

Sönmeden yurdumun üstünde tüten en son ocak.
우리 집의 마지막 남은 불이 꺼지기 전까지 쓰러지지 않을 거요.

O benim milletimin yıldızıdır parlayacak
저것은 영원히 빛나는 나의 국가의 별이오.

O benimdir, o benim milletimindir ancak.
저것은 나의 것, 영웅적인 국가라오.

2절

Çatma, kurban olayım çehreni ey nazlı hilal!
수줍은 초승달이여, 나의 희생에 불쾌하지 마오!

Kahraman ırkıma bir gül! ne bu şiddet bu celal?
영웅적 나의 무리에 한 송이의 장미를 바치니! 어찌하여 화를 내고

격노하오?

Sana olmaz dökülen kanlarımız sonra helal,
그대를 위해 우리는 피를 흘릴 옳은 행위를 할 거요.

Hakkıdır, Hakk'a tapan, milletimin istiklal!
자유를 위해, 독립은 주를 믿는 나의 국가의 올바른 정의요!

튀르키예 국가 듣기

튀르키예에 사는 민족

한국과 달리 다민족 국가인 튀르키예에는 다양한 민족이 살고 있다. 그 민족들을 모두 살펴볼 수는 없으므로 여기서는 튀르키예에 10만 명 이상 살고 있는 민족 위주로 살펴보도록 하겠다.

튀르크족

튀르키예에 가장 많이 살고 있는 민족은 돌궐의 후손인 튀르크족이다. 미국 중앙정보국CIA의 보고서에 따르면 튀르키예 인구의 약 70~75퍼센트가 튀르크족이다. 그렇기 때문에 튀르키예 어디서나 볼 수 있으나 튀르키예 동남부 지역에서는 아예 찾아볼 수 없는 곳도 있다. 튀르키예의 많은 인구를 구성하지만 다른 민족보다 우대받는 것은 아니다. 튀르키예에서는 모든 민족이 법 앞에서 똑같은 대우를 받고 있다.

쿠르드족

튀르크족 다음으로 많은 민족이다. 쿠르드족은 예전부터 오스만 제국 영토 안에 거주하고 있었는데 1차 세계대전의 패배로 오스만 제국의 영토가 연합군에게 점령당하고 이 과정에서 쿠르드족이 주로 살고 있는 지역이 분단되면서 약 3,000~4,000만 명의 쿠르드족이 튀르키예를 비롯해 이라크, 시리아, 이란으로 뿔뿔이 흩어져 살고 있다. 현재 튀르키예 인구의 15~20퍼센트 정도 차지하는 이들은 주로 튀르키예의 동남부 지역에서 살고 있다.

이란계 민족인 쿠르드족은 생김새가 이란 사람과 비슷하지만 산악 지대에서 살아왔기 때문에 성향과 정서는 이란 사람에 비해 좀 더 강한 편이다. 이라크에서 살고 있는 쿠르드족은 한때 튀르키예 정부의 지원을 받아 이라크 독재자인 사담 후세인*Saddam Hussein*과 격렬한 전쟁을 벌이기도 했다. 이라크의 쿠르드족은 미국이 이라크를 점령하면서 자치권을 얻었다. 사담

● 쿠르드족

후세인과의 전쟁 경험이 있는 이들은 지금도 이라크 레반트 이
슬람 국가 IS와 전투를 벌이고 있으며 IS를 후퇴시키는 데 큰
공을 세워 국제적으로 주목받기도 했다.

　현재 튀르키예에 사는 쿠르드족은 정치적으로 두 개의 세력
으로 분리되어 있다. 온건파 세력은 튀르키예 중앙 정부에 큰
신뢰를 가지고 정치를 통해 조금씩 움직이면서 쿠르드 문화권
을 확대하고 있으며, 강경파 세력은 쿠르드족만의 자치권이나
독립을 요구하고 있다. 그들은 튀르키예의 지방 자치 행정이
미흡하다고 여기고 쿠르드족만의 언어로 초등학교 교육이 이
루어지지 않는 사실에 정치적으로 불만을 품고 있다.

아랍계 민족

아랍계 튀르키예 국민인 이들은 튀르키예 인구의 1~2퍼센트에 해당하며 주로 시리아나 이라크 접경지대인 하타이와 우르파에 살고 있다.

아랍계 튀르키예 국민의 과반수는 수니파 무슬림이지만 시아파 무슬림도 있다. 지역에 따라 쓰는 방언도 다르다. 즉 서부 지역에 사는 아랍계 민족들은 레바논의 아랍어 방언을 쓰는 반면 동부 지역에 사는 아랍계 민족들은 이라크의 아랍어 방언을 구사하고 있다.

카프카스 지역의 민족들

● 카프카스족

튀르키예에서 눈에 띌 정도로 인구 비율을 많이 차지하는 민족은 카프카스 지역의 사람들이다. 러시아 제국의 남하 정책으로 러시아군이 카프카스 지역을 침략하자 그 지역에 살고 있던 일부 무슬림이 튀르키예로 피신해 왔다. 조지아족, 체르케스족, 아바자족 등으로 구성된 카프카스계 민족을 합치면 아랍계 튀르키예 국민의 수와 비슷할 것이다. 이들은 주로 러시아에 가까운 튀르키예 동북부 지역에서 살고 있다.

발칸 반도 지역의 민족들

튀르키예 서부 지역에 가면 "우리는 알바니아족이야.", "우리가 보스니아족이거든요."라는 말을 많이 듣는다. 튀르키예 인구의 1~2퍼센트를 차지하는 이들은 민족 고유의 언어는 잊어버려도 민족의식만은 잊지 않고 있다.

● 알바니아족

오스만 제국의 지배하고 있던 발칸반도에 오스트리아 제국이 침략해 오자 이 지역에 살고 있던 부유한 무슬림들이 곧바로 튀르키예 서부 지역으로 피신했다.

발칸반도에 있는 보스니아, 코소보, 마케도니아에 가 보면 열 명 중 한 명이 자기 할아버지 세대 중 일부가 튀르키예로 피신을 갔기 때문에 튀르키예에 친족이 살고 있다고 말한다.

아르메니아족

● 아르메니아 정교회 대주교

쿠르드족, 아랍계 민족, 카프카스 지역의 민족, 발칸반도 지역의 민족 외에도 튀르키예에는 기독교계 민족이 있다. 그중 가장 높은 비율을 차지하는 민족이 아르메니아족이다.

대대로 튀르키예 동부 지역에 거주해 온 이들은 1차 세계대전 당시 독립

운동에 나섰지만, 내전이 벌어지면서 무고한 시민이 많이 죽었다. 이 때문에 오스만 제국은 튀르키예 동부 지역에 살고 있던 아르메니아족을 오늘날의 레바논 지역으로 강제 이주시켰다. 그 결과 튀르키예 동부 지역에 살았던 아르메니아족 대부분이 튀르키예를 떠나게 되었고 떠나지 못한 사람 중 일부만이 시리아와 인접한 서부 대도시에 남게 되었다.

한국인이라면 쉽게 배울 수 있는 튀르키예어

많은 사람이 튀르키예는 영어나 아랍어를 사용한다고 생각하는데, 사실 튀르키예에는 고유 언어가 있다. 우랄-알타이어 계통에 속하고 한국어와 같은 알타이어족으로 분류된 튀르키예어이다.

유럽에서 중앙아시아까지 통용되는 튀르키예어

알타이어족 바로 밑에 있는 한국어와 달리 튀르키예어는 튀르크어족 밑에 있는 언어이다. 튀르키예어 외에 아제르바이잔어, 튀르크멘어, 타타르어, 카자흐어, 키르기스어, 우즈벡어, 위구르어 등도 튀르크어족에 속한다. 이 언어들은 사투리 혹은 방언과 같은 정도의 차이만 난다.

예전에 중국을 방문했을 때 위구르 식당에 간 적이 있었다. 중국어로 주문하다가 갑자기 단어 하나가 생각나지 않아서 그냥 튀르키예어로 말했더니 종업원이 알아듣는 것이었다. 튀르키예어와 위구르어는 숫자나 기본적인 생활 단어가 발음만 살짝 다를 뿐 비슷하기 때문에 식당에서 음식을 주문하는 정도는 튀르키예어로 말해도 아무 지장이 없다. 그래서 언어학자들은 유럽 동쪽 끝에서 중앙아시아까지는 튀르키예어만 알아도 다닐 수 있다고 말한다.

알파벳으로 표기되는 튀르키예어

한글, 영어, 한자처럼 언어를 표기하는 고유의 문자가 있는 나라는 많지 않다. 튀르키예는 고유 언어를 갖고 있지만 고유 문자는 없다. 그래서 오스만 제국 시절에는 그들의 언어를 아랍 문자로 표기했다. 그 후 케말 파샤가 튀르키예 공화국을 선포하고 현대화 개혁을 실행하면서 1928년부터 튀르키예어는 라틴 문자인 알파벳으로 표기되었다.

기초 튀르키예어 배워보기

우랄-알타이어 계통의 언어를 사용하는 한국 사람이나 일본 사람은 튀르키예어를 쉽게 배울 수 있다. 발음은 생소하지만 문법이나 어순이 비슷하기 때문이다. 그런 이유로 나 또한 다른 언어보다 한국어를 사용하는 것이 크게 부담스럽지 않다.

표기법	발음	의미
Merhaba	메르하바	안녕하세요.
memnun oldum	멤눈 올둠	반갑습니다.
Nasılsın?	나슬슨?	잘 지내?
Benim adım ○○	베님 아듬 ○○	내 이름은 ○○입니다.
Günaydın	균아이든	아침 인사
İyi Akşamlar	이이 아크샴라르	저녁 인사
İyi Geceler	이이 게젤레르	밤 인사
Güle Güle	귤레 귤레	안녕히 가세요.

함께 생각하고 토론하기

두 개의 반도로 구성되어 있는 튀르키예는 지리적으로 유럽과 아시아에 속해 있습니다. 튀르키예에는 튀르크족 이외에도 다양한 민족이 살고 있습니다. 1차 세계대전 전후로 발칸반도와 카프카스 지역에서 이주해 온 사람들은 튀르키예를 자신의 조국이라고 생각하고 있습니다. 튀르키예는 오스트레일리아처럼 이민자가 많은 다문화 사회도 아니고 한국의 다문화 현상과도 다른 양상을 띠고 있습니다.

● 튀르키예를 유럽 나라라고 생각하나요? 혹은 아시아 나라라고 생각하나요? 유럽 혹은 아시아라고 생각하는 이유에 대해 이야기를 나눠봅시다.

●● 더 이상 단일 민족 국가라고 부를 수 없을 만큼 세계 각국의 여러 민족이 한국에 살고 있습니다. 건강한 다문화 사회를 만들려면 어떠한 정책이 필요한지 이야기해 봅시다.

2부

튀르키예
사람들의 이모저모

작은 물에 큰 물고기가 있을 수 없다.

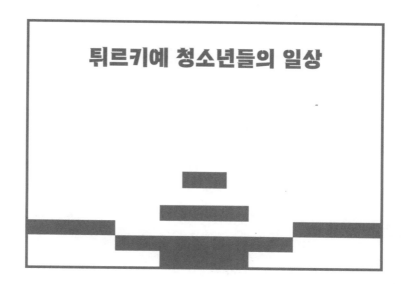

튀르키예 청소년들의 일상

한국에 뒤지지 않는 교육열

튀르키예 청소년들은 한국 청소년들과 완전히 다르면서도 비슷한 일상을 보내고 있다. 교육열이 한국 못지않다 보니 튀르키예 청소년들도 학원에 다닌다. 튀르키예에서는 대학 입학뿐 아니라 고등학교에 입학할 때도 시험을 쳐야 하므로 입시 경쟁이 중학교 1학년부터 시작된다. 그러다 보니 튀르키예에는 대형 입시 학원이 전국 곳곳에 있다.

그러나 튀르키예 청소년은 한국 청소년과 달리 입시에만 매달리지는 않는다. 그들은 입시 학원뿐 아니라 다양한 분야의 학원에 다니고 있다.

튀르키예 사람들은 대부분 단독 주택에서 산다. 그렇다 보니 예전의 한국처럼 동네 문화가 있다. 튀르키예에는 동네마다 미니 광장이 하나씩 있어 동네 아이들의 놀이터 역할을 한다. 아이들은 미니 광장에 모여 놀면서 시간을 보낸다. 일부 동네에는 축구할 수 있는 공간도 있다. 이곳에서 아이들은 축구팀을 만들어 다른 동네 아이들과 축구 시합을 벌이기도 한다.

여자아이들은 주로 배구를 한다. 축구는 남자들의 스포츠, 배구는 여자들의 스포츠라는 인식이 강해서인지 튀르키예의 여성 배구 리그는 규모와 자금력이 상당히 크다.

그러나 대도시로 갈수록 사람들은 아파트 단지에 거주하고 도시에 사는 청소년들은 축구보다 농구를 더 선호한다. 돌멩

● 동네마다 있는 미니 광장(출처: 리데르일간지)

● 아파트 단지에서 농구하는 아이들(출처: 베이올루 구청)

이 두 개만 있으면 골대를 만들 수 있는 축구와는 달리 농구를 하려면 농구대가 설치되어야 해서 사람들은 농구가 축구보다 고급스러운 운동이라고 생각하는 경향이 있다.

튀르키예 청소년들의 방과 후 활동

방과 후 튀르키예 청소년들은 기술을 배운다. 부모들은 자녀를 동네에 있는 장인의 가게로 보내 장인의 기술을 전수 받고 경제 활동을 하도록 권한다. 학교에 다니면서 배운 기술로 아이들은 대학 졸업 후 취업 걱정을 덜 수 있다. 이렇게 번 돈은 한 학기 동안 용돈으로 사용된다.

● 방과 후 종교 활동을 하는 아이들(출처: Milad 재단)

방과 후 종교 공동체의 교육 센터를 다니는 청소년도 있다. 튀르키예에 있는 모든 이슬람 사원은 국가 시설이고 거기서 일하는 사람들 또한 공무원이다. 그 외에 학파에 따라 다양한 학자가 있고 이들을 따르는 제자들이 교육 센터 같은 기관을 설치하면서 종교 공동체를 만든다.

부모는 자녀들을 이러한 교육 센터에 보내 종교를 배우게 하고 더 좋은 인성을 가진 사람으로 자라기를 바란다. 아이들은 교육 센터에서 새로운 친구를 만나고 종교 공동체에서 발간되는 잡지나 도서를 구입하기도 한다. 이를 통해 종교 공동체 또한 유지할 수 있다.

교육열이 높은 부모는 방과 후 자녀들을 기숙 입시 학원에 보내기도 한다. 튀르키예 대부분의 입시 학원에는 기숙사가 있다. 방과 후 기숙사에 들어간 청소년들은 강도 높은 교육을 받는다. 매일 8시간 넘게 문제집을 풀면서 입시 준비를 한다.

중소기업이 많은 튀르키예에서는 자녀들이 부모의 일을 이어받는 경우가 많다. 방과 후 부모의 회사에서 일을 배우기도 하고 대학교 1학년부터 회사에 출퇴근하며 일하다가 졸업 후에는 실질적으로 회사를 운영한다. 나 또한 방과 후 부모님의 전기 회사에서 일을 배웠고 건설 현장에 나가 기술자들과 함께 전기 시설을 설계하기도 했다.

튀르키예의 교육 제도

튀르키예의 학제

튀르키예 아이들은 한국처럼 초등학교에 입학하기 전에 유치원을 다니지만 의무 교육은 아니다. 태어난 지 66개월(한국 나이로 7세)이 되면 초등학교에 입학하고 초등학교부터 고등학교까지가 의무 교육이다.

튀르키예의 학제는 2009년부터 매년 바뀌고 있다. 과거에는 장기 집권을 한 정부가 없었기 때문에 당선된 정당에서 임명한 교육부 장관이 교육 제도를 바꿀 수 없었다. 즉 그동안의 교육부 장관들은 기존 제도 안에서 소소한 개혁만을 했다. 그러나 2002년부터 AKP 정부가 들어서면서 교육부 장관들이 교육 제도를 본격적으로 바꾸기 시작했다. 하지만 첫 시도부터 실패했고 그다음 임명된 교육부 장관이 수습하려 했으나 그마저 실패하고 말았다. 현재 튀르키예 국민 대부분은 "애초부터 바꾸지 않았던 것이 차라리 더 좋았다."며 아쉬움을 토로하고 있다.

내가 학교에 다니던 시절에는 초등학교 5년, 중학교 3년, 고등학교 3년 과정이었다. 일부 고등학교에서는 고등 과정을 시작하기 전 1년 동안 영어나 프랑스어 등 외국어 교육에 집중한 후 그 외국어로 3년 동안 나머지 과목을 배웠다.

그러나 지금은 초등학교 4년, 중학교 4년, 고등학교 4년으로 바뀌었다. 이렇게 학제를 바꾼 이유를 국민에게 자세히 설명해 주진 않았다. 다만 가장 크게 변한 것은 종교 교육이 강화되었다는 것이다. 내가 초등학교 4학년이었을 때는 '종교 문화와 윤리 지식'이라는 수업이 일주일에 2시간뿐이었는데 지금은 다양한 신학 과목이 교육 과정에 합류되었고 종교 학교의 수 또한 늘어났다.

튀르키예의 외국어 교육

튀르키예에서는 고유 언어인 튀르키예어를 라틴어로 표기한다. 그래서 초등학교에 입학하면 처음 1년 동안은 라틴어로 읽고 쓰는 방법과 기본적인 수리를 익힌다. 그리고 초등학교 4학년부터 일주일에 2시간씩, 중학교 때부터는 일주일에 4~6시간씩 영어를 배운다.

이렇게 외국어 교육이 통일된 것은 2000년부터다. 그전에는 외국어 교육이 통일되지 않아 학교마다 외국어를 배우는 시기와 과목이 달랐다. 초등학교부터 외국어를 배우는 학교도 있고 중학교 과정부터 외국어 교육이 있는 학교도 있었다. 또한 학교마다 프랑스어, 영어, 독일어 등 가르치는 외국어가 다르기도 했다. 그러다가 1999년 법이 바뀌면서 프랑스어와 독일어 교육을 폐지하고 중고등학교 외국어 교육을 영어로 통합시켰다.

고등학교 입학부터 입시 전쟁

튀르키예 학생들의 입시 스트레스는 중학교 때부터 시작된다. 튀르키예에서는 대학 입시만큼 고등학교 입시 경쟁이 심하다. 소위 말하는 '명문' 고등학교에 입학하려는 학생이 많기 때문이다.

학생들이 가장 선호하는 학교는 '과학고등학교'이다. 튀르키예 정부는 과학고등학교를 시마다 하나씩 개교해 경쟁을 완화하려 했지만 아직까지 입시 경쟁은 심각하다. 과학고등학교는 한국과 비슷한 과학 교육 과정으로 수준 높은 교육을 제공하고 있다.

과학고등학교 다음으로 선호하는 학교는 '사회학고등학교'이다. 이 학교는 과학고등학교만큼 확산되어 있지 않아서 과학고등학교보다 이점이 있다. 사회학고등학교에서는 역사, 법, 철학 같은 인문학과 사회학을 집중적으로 가르친다. 이 학교를 졸업한 학생은 변호사, 인문학 교수, 기자 등이 되기 수월하다. 튀르키예의 대학 입학시험은 선택한 전공과 관련한 문제를 풀어 점수를 받는 제도라서 사회학고등학교에서 공부한 학생들은 언론학, 법학, 정치외교학 분야의 문제에 유리하다.

이외에도 '아나돌루고등학교'가 있는데 이 학교는 일반 고등학교보다 교육 수준이 높아 학생들의 선호도가 높은 편이다. 아나돌루고등학교는 각 구나 군에서 가장 똑똑한 학생들이 갈 수 있는 학교이다. 각 교실의 학생 수는 최대 34명●이다. 입학 후 1년 동안 외국어를 집중적으로 가르치는 아나돌루고등학교에서는 나머지 3년 동안 외국어로 다른 교과목 수업을 받는다.

아나돌루고등학교에서는 2학년 때 이과, 문과, 언어과 혹은 복합과 중 하나를 선택해야 한다. 대학 입시에서 고등학교 때 정한 전공을 선택하면 가산점을 받고, 그렇지 않으면 감점을 받는다. 예를 들어 아나돌루고등학교에서 언어과를 졸업한 학생이 공대에 원서를 넣으면 입시 점수가 감점되고, 문과를 졸업한 학

● 일반 고등학교는 학생 수 제한이 없다 보니 한 반에 60명이 넘기도 한다.

● 이즈미르 과학고등학교

● 토카트 사회학고등학교

생이 국어과에 원서를 넣으면 가산점을 받는다. 과학고등학교 졸업생도 마찬가지로 법대에 원서를 넣을 경우 감점을 받는다.

이처럼 튀르키예에서는 고등학교 때 정한 전공과 다른 진로로 대학에 진학하기가 힘들다. 튀르키예의 교육 정책은 학생들이 이른 나이에 진로를 결정하도록 한다.

아나돌루고등학교에 가지 못한 학생들은 일반 고등학교나 기술고등학교에 간다. 일반 고등학교는 아나돌루고등학교보다 두 배 정도 많다. 튀르키예 중학생의 약 25퍼센트 정도만 엘리트 교육을 받을 수 있기 때문에 튀르키예에서는 고등학교 입시가 한국의 대학 입시만큼 경쟁률이 심하다.

장학금 제도

튀르키예에서는 공부를 하고 싶은 의지만 있다면 공부를 할 수 있는 기회가 넘쳐난다. 교육부나 교육 재단에서는 중학교 때부터 시험을 통해 똑똑하고 공부 의욕이 넘치는 학생들을 선발해 학비는 물론 용돈까지 지원해 준다. 내 고등학교 동창이자 절친은 서울대학교에서 박사 학위를 받고 현재 이화여자대학교에서 강의하고 있다. 튀르키예에서 빌켄트대학에 합격한 이 친구는 당시 대학의 한 학기 학비 700~800만 원뿐 아니라 매달 20만 원씩 용돈을 지원받았다.

튀르키예의 진보적인 교복 제도

● 1990년대 교복

불과 몇 년 전만 해도 튀르키예에서는 초등학교부터 교복을 입었다. 1990년까지 초등학생들은 검은색 교복을 입었고 그 후 교복 개혁이 이루어져 파란색, 하늘색, 회색 등의 색상에 세련된 디자인의 교복으로 바뀌었다.

2010년부터 초등학교의 교복 제도는 완전히 폐지되었다. 중고등학생만 교복을 입는데 2002년부터 여학생들도 치마 대신 바지 교복을 입고 다닐 수 있다.

● 교복 개혁 후 바뀐 교복

● 여학생들의 교복 바지

튀르키예의 대학들

　내가 한국에 온 2004년까지만 해도 튀르키예의 대학교 수는 80개가 안 되었다. 그러나 최근 대학교가 많이 생겼다. 2022년 기준 튀르키예에는 총 209개의 대학교가 있고 그중 131개는 국립 대학이다. 튀르키예는 고등학교만큼 대학교 특성이 다양한데 여기서는 역사적으로 유명한 학교 위주로 소개하고자 한다.

이스탄불대학

　1453년에 설립된 이스탄불대학은 튀르키예에서 가장 큰 대학이다. 이 대학에 있는 제라흐파샤의대와 차파의대는 튀르키예 최고의 의대이다. 지금은 제라흐파샤의대가 차파의대

보다 뛰어나지만 차파의대는 오스만 제국 시대 때 훌륭한 의사들을 배출한 대학으로 유명하다. 전공 수업을 영어 혹은 튀르키예어 중 하나를 선택해서 받을 수 있다. 이스탄불대학은 의대뿐 아니라 역사학, 인류학, 문학, 법학으로도 유명하다. 특히 역사학과나 법학과 교수는 튀르키예

에서 인재로 인정받는다.

이스탄불기술대학

1773년에 개교한 이스탄불
기술대학은 세계에서 세 번
째로 오래된 기술대학이며, 오
스만 제국 시절에 서양 교육 과
정을 도입한 최초의 학교로 잘
알려져 있다. 이 학교는 오스만

제국 해군에 필요한 기술을 연구하고 개발하기 위한 목적으로 설립되
었다. 이스탄불기술대학은 교재 자체를 스스로 개발해 수업에 활용하
는데 이 시스템이 우수하다 보니 오스만 제국은 해군이 아닌 일반인도
교육을 받을 수 있는 대학으로 개편했다.

아직도 오스만 제국 당시 건물을 있는 그대로 보존하고 있어서 유
적지 느낌이 난다. 우수한 튀르키예 대학들의 공통점은 영어로 수업한
다는 것인데 이스탄불기술대학에서 일부 전공과목들은 반드시 튀르키
예어로 수업하고 있다.

나 또한 이 대학에 합격했지만 학교를 다니지는 않았다. 입시를 보
기 전 이미 한국에 유학 갈 계획이었기 때문에 2004년 9월에 휴학 신
청을 했고 바로 다음 날 한국행 비행기를 탔다. 이스탄불기술대학이 한
국의 카이스트와 자매결연이 되어 있어서 한국 유학 장학금을 쉽게 획
득할 수 있었다.

중동기술대학

앙카라에 있는 중동기술대 학METU은 한국의 카이스트와 같은 학교이다. 중동에 있는 인 재들을 굳이 미국까지 데려오 지 말고 동맹국인 튀르키예에 서 교육시키고자 하는 취지로

미국과 튀르키예가 합작으로 설립했다. 중동기술대학의 모든 수업은 영어로 진행된다.

빌켄트대학

앙카라에 있는 사립 대학으로 학비가 비싸다. 이 대학에 다니려면 장 학금을 탈 수 있을 만큼 똑똑하거나 부모가 경제력이 있어야 한다. 의과 대학은 없지만 컴퓨터공학 분야에서는 튀르키예 최고 수준이며 다른 유수의 대학과 마찬가지로 영어로 수업을 진행한다.

보아지치대학

미국 선교사들이 만든 고등학교였으나 1971년 튀르키예 정부의 지 원금을 받아 대학교로 개편했다. 보아지치대학의 모든 학과는 기본적 으로 뛰어나다. 그중에서도 특히 경영학과 정치외교학이 유명하다.

하제테페대학

튀르키예에서 '의대'라고 하면 가장 먼저 떠오르는 대학이다. 하제테페대학 졸업생 중 국제적으로 유명한 의사가 많기 때문이다. 튀르키예는 스페인의 뒤를 이어 얼굴 전체 전환 수술에 성공했는데 이 수술을 집도한 교수들이 모두 하제테페대학 출신이었다. 자국에서 의사가 되고 싶어 하는 아프리카와 중동에서 온 유학생이 많다.

앙카라대학

튀르키예의 고급 관료들을 키운 학교이다. 법학, 경제학, 정치외교학, 행정학, 외국어 단과대학으로 유명하다. 앙카라대학에서 법학과를 졸업하면 취업은 보장받을 정도이고, 행정학이나 정치외교학을 졸업하면 대부분 내무부에서 일할 수 있다. 외국어 단과대학 졸업생들은 거의 외교부에서 일하고 있다. 앙카라대학에는 한국어학과가 있으며 한국의 대학들과 자매결연을 가장 많이 맺고 있다.

에르지에스대학

앙카라대학의 외국어 단과대학은 국가 조직에서 일할 수 있는 우수한 인재를 키우는 목적으로 설립되었다. 반면 에르지에스대학은 정부가 시장, 즉 기업에서 외국 관련 일을 하는 인재를 육성하기 위해 카이세리시에 설립했다. 현재 에르지에스대학이라고 하면 외국어 교육 분야에서 인정받고 있다.

군대 특혜를 받는 튀르키예 대학생들

한국의 남자 대학생들은 특별한 경우를 제외하고는 주로 대학교 2~3학년 때 군대에 간다. 한국처럼 튀르키예도 의병제이지만 한국에 비해 대학생의 비율이 너무 낮아 이들에게 특혜를 준다. 튀르키예의 군 복무 기간은 1년인데 대학을 졸업한 사람이 시험에 통과하면 장교로 군대에 갈 수 있다. 기간도 보통 6개월에서 1년 정도이다.

성별로 나뉘는 여가 활동

남성들의 여가 활동

튀르키예 사람들에게 가장 인기 있는 여가 활동은 축구이다. 직장, 동창회, 동네, 종교 공동체 또는 가문 별로 축구팀을 만들어 금요일 밤이나 토요일 아침 가까운 풋살장에서 축구를 한다.

종교 공동체 활동 역시 활발하다. 월요일이나 목요일 밤 남성들은 홀로 혹은 아들과 함께 종교 공동체 교육 센터에 가서 설교를 들은 후 식사를 하거나 차를 마시면서 친목을 도모한다. 또 1년에 한 번은 해외 단체 여행을 떠나는데 두 가지 형태로 진행된다. 첫 번째는 성지 순례 성격으로 사우디아라비아의 메카-메디나 지역 혹은 예루살렘을 방문한다. 카르반 명절 때는 빈곤층이 많은 나라에 가서 양이나 소와 같은 가축을 도살해 현지인에게 나눠주는 봉사 활동을 한다. 두 번째 형태는 역사 탐방 성격으로 오스만 제국의 지배를 받았던 나라를 방문해 그 나라에 있는 오스만 제국 시절의 유적지를 답사한다.

축구와 종교 활동 이외에 기혼 남성들은 친한 가족들과 만갈*Mangal*에 간다. 만갈은 '바비큐'라는 의미로 '만갈에 간다'는 말은 소풍 간다는 뜻이다. 주말이면 많은 가족이 호숫가나 강가나 숲에서 바비큐를 즐긴다. 단 한국과 달리 튀르키예 사람들은 캠핑장에서 숙박은 하지 않는다.

미혼 남성들은 찻집에서 여가 시간을 보내는 경우가 많다. 동네 친구들과 찻집에서 튀르키예 전통 버드 게임을 즐기는데 체스 게임, 루미큐브로 하는 오케이 게임, 체스판에 흑백색

● 만갈을 즐기는 가족들(출처: 엔소르하베르)

● 블랙게먼 게임

● 루미큐브 게임

말로 하는 다마 게임, 체스판과 같이 있는 블랙게먼 게임 등을 즐겨한다.

특히 블랙게먼과 오케이라는 게임은 '사나이들의 게임'으로 유명하다. 블랙게먼은 두 명이 하는 게임이고 오케이 게임은 네 명이 주로 2대 2 팀전으로 치른다. 게임을 하는 동안 마시는 차나 전통 커피, 물담배값은 그날 게임에서 진 팀이 지불하곤 한다.

여성들의 여가 활동

여성 역시 주기적으로 종교 공동체 모임에 참여한다. 다만 남성과는 달리 바자회 같은 행사를 주기적으로 개최해 거기에서 나온 수익으로 학생들 특히 여학생들에게 장학금을 수여한다.

튀르키예 여성들의 또 다른 여가 활동으로 균^{Gün}이 있다. 균은 '날' 혹은 '하루'라는 뜻이다. 균을 하자고 합의한 여성들은 매주 정해진 요일에 한 집에서 모이는데 이때 당번이 된 집주인은 음식과 다과를 준비한다. 나머지 여성들은 미리 정해진 돈을 차출해 집주인에게 준다. 일종의 계이다. 매주 일정 금액을 지출하고 자기 순서가 되면 그동안 지출했던 금액을 한꺼번에 받는다.

균 모임에서는 튀르키예 통화인 리라보다 달러나 금을 주고받는다. 리라의 통화 가치가 워낙 불안정해서 튀르키예 리라로 돈을 주고받을 경우 7~8주 뒤에 순번이 된 집주인은 경제적으로 피해를 볼 수도 있기 때문이다.

● 균 모임에서 식사를 즐기는 모습

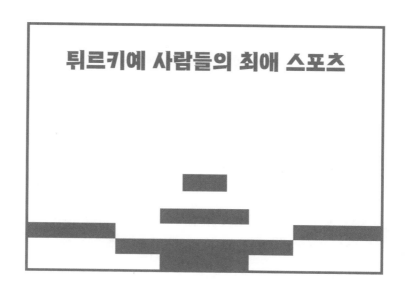

튀르키예 사람들의 최애 스포츠

전 국민의 사랑을 받는 축구

이스탄불 팀과 이즈미르 팀이 맞붙은 1897년부터 튀르키예의 현대식 축구 역사가 시작되었다. 1900년대 초기 이미 대도시에서는 그 도시를 대표하는 리그들이 생겼고 튀르키예 공화국이 선포되면서 튀르키예축구협회가 설립되었다. 튀르키예축구협회는 그해 바로 FIFA에 가입했고 1962년 UEFA에 가입했다.

튀르키예 축구 리그는 프랑스나 브라질 못지않게 규모가 크고 제도도 복잡하다. 튀르키예 대도시에는 구마다 리그가 형성되어 있고, 그 구의 리그에서 우승한 팀끼리 경기를 치르는

시 리그가 있다. 또한 튀르키예 전체를 13개 지역으로 나누고 지역마다 형성된 리그에서 도시를 대표하는 축구팀들이 뛰고 있다.

튀르키예 축구가 이렇게 발전한 이유는 국민들이 축구에 관심이 많기 때문이다. 튀르키예에서 축구팀 회장을 선출하는 과정은 거의 대통령 선거처럼 국내 여론을 장악할 정도이다. 현재 유명한 축구팀으로는 1903년에 설립된 베식타쉬 팀, 1905년에 생긴 갈라타사라이 팀이 있는데 갈라타사라이 팀은 2000년대 UEFA컵과 Euro Super컵에서 우승하면서 튀르키예 축구를 세계에 알렸다.

여성의 운동으로 대표되는 배구

튀르키예 남성들이 축구를 좋아하고 즐기는 것처럼 튀르키예 여성들은 배구를 좋아한다. 동네를 돌아다니다 보면 곳곳에서 여자아이들이 네트를 만들어 배구를 즐기는 모습을 볼수 있다.

튀르키예에서 배구는 여성의 운동이라고 인식되어 있다. 튀르키예 여성 배구 리그는 인기가 많고 자본도 많다. 그러다 보니 외국 선수를 섭외하기도 한다. 한국의 유명 배구 선수 김연경도 2011년부터 2017년까지 튀르키예 프로 팀에서 활동했다.

튀르키예의 전통 스포츠, 레슬링

튀르키예의 전통 스포츠는 '얄르 귀레쉬'라는 레슬링이다. 우리가 아는 올림픽 종목인 레슬링이 아니고 온몸에 올리브유를 발라서 하는 레슬링이다.

얄르 귀레쉬가 아직도 사라지지 않는 이유는 튀르키예 정부의 노력 덕분이라고 생각한다. 정부의 지원 아래 매년 튀르키예 전역에서 얄르 귀레쉬 경기가 개최되고, 지역 행사가 있으면 소규모라도 무조건 행사 일정에 얄르 귀레쉬 경기를 포함한다.

● 얄르 귀레쉬 대회

튀르키예의 교통 수단

인도에는 릭샤, 필리핀에는 지프니 등 나라마다 특색 있는 교통수단이 있다. 튀르키예에도 독특한 교통수단이 있다.

지하철 같은 버스, 메트로뷰스

가장 먼저 소개하고 싶은 교통수단은 메트로뷰스*Metrobüs*이다. 말 그대로 지하철 같은 버스이다. 지금껏 누구도 풀지 못했던 이스탄불의 교통 체증 문제를 조금이나마 해소한 것이 바로 메트로뷰스이다.

튀르키예 정부는 이스탄불의 아시아 측과 유럽 측을 연결하

● 메트로뷰스

는 고속도로에 메트로뷰스가 2분 간격으로 왔다 갔다 할 수 있
는 전용 차선을 만들었다. 덕분에 승용차로 2시간 이상 걸리는
지역으로 갈 때 메트로뷰스를 이용하면 30분 정도로 단축된다.

튀르키예의 마을버스, 돌무슈

또 다른 튀르키예만의 교통수단으로 '돌무슈^{dolmuş}'가 있다.
돌무슈란 '가득 찼다'라는 의미로 한국의 마을버스라고 생각하
면 된다. 운행 구간에 정류장이 없기 때문에 타고 내리는 승객
이 있으면 어디든 정차한다. 목적지까지 빠르기는 하지만 탑승

● 돌무슈

객 수에 제한이 없기 때문에 때로는 불편하기도 하다.

비행기 같은 서비스를 제공하는 시외버스

튀르키예의 시외버스는 거의 비행기와 같은 서비스를 제공한다. 커피나 차 혹은 쿠키를 제공하고, 크고 넓은 좌석에 TV가 설치되어 있어 장거리 이동을 안락하게 할 수 있다.

하늘길을 책임지는 튀르키예항공

튀르키예 사람들에게 튀르키예를 대표하는 것을 알려달라고 하면 대부분 "튀르키예항공!"이라고 말할 것이다.

진출해 있는 나라 수만 따지더라도 공기업인 튀르키예 항공사는 튀르키예에서 가장 국제화된 기업이라고 할 수 있다. 항공사 평가 기관인 스카이트랙스*Skytrax*에서는 튀르키예 항공사를 6년 연속 유럽 1등 항공사로 선정했고 지금도 세계 4대 항공사 중 하나로 꼽힌다. 117개국 295개 공항에 직항 노선이 있는 튀르키예 항공사는 지점 수로는 전 세계 1위이다.

● 튀르키예항공

튀르키예의 주요 산업

세계 경제에 관심이 있는 사람들은 튀르키예의 주요 산업이 무엇인지 궁금해한다. 이 궁금증에 답하는 것은 튀르키예가 유럽인지 아시아인지 답하는 것만큼 애매하다.

튀르키예의 주요 산업은 농업도, 제조업도, 관광업도 아니다. 모든 업종의 비중이 비슷해서 그 어느 분야도 튀르키예의 주요 산업이 되지 못하고 있다.

농업

국토의 24퍼센트 정도가 1~3등급의 밭으로 이루어져 있는 튀르키예는 농업이 발달했다. 그러다 보니 튀르키예는 음식 문화가 발달했고 희귀한 농산물도 생산되고 있다.

전 세계 헤이즐넛의 60퍼센트 이상이 튀르키예에서 생산된다. 살구 또한 전 세계 생산량의 10퍼센트가 생산되고 있는데 특히 마른 살구는 80퍼센트 이상을 차지한다. 또한 차나 옥수수뿐 아니라 레몬이나 바나나 같은 열대작물도 생산된다.

농산물 이외에 축산과 양봉도 발달해 있다. 튀르키예에서만 만들 수 있는 치즈도 있고, 중동의 석유 재벌들만 먹는다는 최고급 꿀도 튀르키예에서 생산된다.

이렇게 다양한 작물과 많은 생산량을 자랑하는 터라 튀르키예의 주요 산업이 농업이라고 생각하기 쉽지만 그렇지 않다. 1968년에만 해도 튀르키예 경제의 33퍼센트를 차지했던 농업은 현재 9퍼센트에 불과하다. 튀르키예에서 농업이 쇠퇴한 이유는 지정학적 위치로 인해 주요 산업이 농업에서 무역업으로 이동되었기 때문이다.

관광업

튀르키예에 여행을 다녀온 사람들은 관광업이 튀르키예의 주요 산업이라고 생각하기도 한다. 그만큼 튀르키예의 관광 산업은 매우 발달해 있다. 1997년 튀르키예를 찾은 관광객은

● 이스탄불의 핫플레이스인 탁심 광장을 구경하는 관광객들

1,000만 명을 넘었고 국민들은 관광업을 '굴뚝 없는 공장'이라며 그 중요성을 느끼고 이 분야에 집중했다. 그 결과 2015년에는 연간 4,000만 명이 튀르키예를 방문하여 프랑스, 미국, 스페인, 중국, 이탈리아 다음으로 외국인이 많이 찾은 나라가 되었다.

이렇게 많은 외국인이 튀르키예를 방문했지만 관광업은 튀르키예 경제에 큰 영향을 주지 않고 있다. 물론 일자리 문제에 있어서는 관광 시장의 확대가 해결책이 되었지만 정작 관광 수입은 그렇게 크지 않다.

튀르키예를 여행하는 관광객 한 명당 평균 약 800달러를 쓴다고 한다. 연간 4,000만 명 정도가 튀르키예에 오면 300억 달러 정도를 벌지만 이는 국내총생산 8,000억 달러인 튀르키예 경제의 약 5퍼센트 정도에 해당할 뿐이다. 관광업으로 이익을 얻으려면 물가가 높은 선진국이 되어야 한다.

광업

튀르키예 경제를 책임지는 또 다른 산업으로 광업이 있다. 전 세계에서 생산되는 90종류의 광물 중 77개 광물이 튀르키예에 있다. 그중 60개의 광물만이 채굴되고 있으며 나머지 광물은 여전히 땅 밑에 있다.

특히 붕소, 크롬, 대리석 같은 광물은 매장량이 풍부하다. '김치' 하면 한국이 떠오르듯 '붕소' 하면 가장 먼저 생각나는 나라가 튀르키예이다. 전 세계 붕소의 80퍼센트 이상이 튀르키예에 있다.

● 붕소

천연 광물이 많기 때문에 광업이 튀르키예의 주요 산업이라고 생각하기 쉽지만 이 역시 튀르키예 경제에서 차지하는 비중은 1.5퍼센트뿐이다. 인건비가 비싼 편이어서 튀르키예 국민이 광산업 시장에 큰 관심을 두고 있지 않기 때문이다.

건설업

튀르키예 경제에서 큰 비중을 차지하고 있는 산업은 무역업과 제조업 그리고 건설업이다. 튀르키예의 인구는 늘고 있다. 그러다 보니 집을 비롯한 건물이 필요하고 수요를 충족시키기 위해 건물을 계속 짓고 있다.

튀르키예의 건설 실력은 뛰어난 편이어서 주변 국가 혹은 아프리카까지 건설 회사들이 진출해 있다. 우리 가족도 아제르바이잔과 조지아 그리고 이라크에서 건설 관련 일을 한 적이 있다.

무역업

건설업 다음으로 튀르키예 경제에 큰 비중을 차지하고 있는 산업은 무역업이다. 튀르키예는 아시아와 유럽의 다리 역할을 하는 지정학적인 위치 덕분에 국제 무역이 활발한 편이다. 이를 활용해 튀르키예 사업가들은 서구의 고급 제품을 사서 중동이나 중앙아시아 지역의 중산층에게 팔고, 중동이나 중

● 많은 수출입품이 오가는 이즈미르 항구

앙아시아의 저렴한 제품을 사서 서구의 빈곤층에게 팔고 있다.

제조업

　한국이나 다른 선진국 수준만큼은 아니지만 튀르키예는 제조업도 발달한 편이다. 특히 자동차, 의류, 전자 분야의 제조 기술이 괜찮은 편이다.

　튀르키예의 자동차 산업은 특이한 구조이다. 최근 들어서야 자동차 엔진을 생산하고 있지 그전에는 엔진을 제외한 자동차 대부분의 부품을 만들어 세계적인 자동차 회사에 팔았다. 엔진은 외국에서 수입해 트럭 같은 차를 생산했다. 이렇게 자동차 산업이 나라의 경제에 큰 비중을 차지하고 있지만 아직 튀르키예를 대표할 만한 자동차 브랜드는 없다. 이를 안타까워한 정부는 최근 튀르키예 고유의 브랜드를 단 자동차를 생산하려 하고 있다. 그러나 현대나 기아처럼 한 나라를 대표하는 브랜드가 나오기까지는 시간이 걸릴 듯하다.

튀르키예에서 석유가 나오지 않나요?

튀르키예의 지하자원 중 사람들이 가장 궁금해하는 것은 바로 '석유'이다. 지리적으로 튀르키예가 중동에 인접해 있기 때문에 튀르키예에도 석유가 많이 나온다고 생각한다. 그러나 튀르키예는 오직 동남부 지역에서만 석유가 나온다. 생산량 또한 튀르키예에 필요한 석유의 15퍼센트밖에 안 된다.

튀르키예의 화폐, 리라

튀르키예의 경제 수준에 대해 궁금해하는 사람이 많다. 튀르키예가 중동의 한 나라라고 생각해 경제 수준이 낮을 거라 생각하는 사람이 있는가 하면, 유럽에 속한다고 여겨 유럽연합 회원국처럼 경제 수준이 높을 거라고 생각하는 사람도 있다. 여기서는 튀르키예 경제의 기본인 화폐와 튀르키예의 경제 상황에 대해 알아보고자 한다.

아시아도 유럽도 아닌 튀르키예

튀르키예는 중동에 속한다고도 할 수 없고 유럽에 속한다고도 할 수 없다. 유럽연합 회원국은 아니지만 유럽연합 가입 마지막 단계에 있다. 즉 마지막 절차가 완료되면 유럽연합 회원국이 된다.

튀르키예의 경제 수준을 국내총생산을 통해 확인해 보자. 튀르키예의 국내총생산은 8,000억 달러로 세계 18위이다.● 국내총생산 수치로는 나라의 경제 수준을 파악할 수 있지만 정작 국민이 얼마나 잘사는지는 알 수가 없다. 국민의 경제 수준을 살펴보려면 1인당 국내총생산을 살펴보아야 하는데 튀르키예의 1인당 국내총생산은 1만 1,000달러로 세계 60위이다.● 이런 수치를 종합해 보면 튀르키예는 부자 나라는 아니지만 1인당 국내총생산이 1만 달러가 넘기 때문에 잘사는 나라에 속한다고 볼 수 있다.

튀르키예의 화폐, 리라

사람들은 유럽연합 회원국처럼 튀르키예에서도 유로를 사용한다고 생각하지만 튀르키예에서는 '리라'라는 화폐를 사용한다.

● 한국의 국내총생산은 약 1조 4,000억 달러로 세계 11위이다.
● 한국의 1인당 국내총생산은 2만 7,000달러로 세계 26위이다.

튀르키예의 첫 화폐는 오스만 제국 시절에 발행되었다. 1840년 오스만 제국의 개혁파 술탄 압둘메지드*Abdülmecid*가 영국 은행에 황금을 맡기면서 화폐를 발행했고 오스만 제국이 멸망할 때까지 영국 은행과 협력했다. 그 화폐에는 누구의 초상화도, 유명 건물의 이미지도 없는 오직 무늬와 서예로 쓰인 문구가 있었다.

● 1853년에 발행된 오스만 제국 지폐 10쿠루쉬
(출처: banknotes ws)

오스만 제국의 붕괴 후 튀르키예 공화국이 출범하자 초대 대통령 케말 파샤는 화폐와 관련된 법안을 만들고 화폐에 현직 대통령의 사진을 넣기로 확정했다.

미국에 영향을 받은 리라

튀르키예 화폐가 지금의 모습을 띠기 시작한 당시에는 환율이 1달러에 0.75리라였다. 2차 세계대전이 일어나자 튀르키예 정부는 악화된 경제를 살리기 위해 평가절하를 했고 그 결과 1달러에 1.31리라가 되었다. 그 후로도 종종 리라의 값이 떨어졌지만 차이는 크지 않았다.

그러다가 1958년 본격적인 평가절하를 통해 1달러에 2.83리라가 되었고, 얼마 지나지 않아 1달러에 9리라로 급락했다. 1970년 평가절하를 다시 한 결과 리라는 또 한 번 크게 떨어져 1달러에 15리라가 되었다.

1971년 미국은 국제 화폐 제도의 기반이 된 브레튼우즈 협정에서 탈퇴했다. 브레튼우즈 협정에 큰 영향력을 끼쳤던 미국의 탈퇴는 많은 친미 나라에 영향을 끼쳤다. 그중에서 가장 큰 타격을 입은 튀르키예는 1980년대 전까지 여러 차례 평가절하해서 1달러에 70리라가 되었다.

여전히 안정되지 않은 리라

1980년대 이후 튀르키예 경제에 큰 변화가 일어났다. 1980년 이전까지는 리라와 달러의 환율이 국가가 정하는 고정 환율제였지만 1980년 이후부터는 변동 환율제를 도입했고 그 결과 리라는 늘 하락했다. 2004년에는 1달러에 130만 리라까지 떨어졌다. 그 당시 총리였던 레제프 타이이프 에르도안*Recep Tayyip Erdoğan*은 2005년 화폐 개혁을 추진해 리라에서 '0'을 없앴다. 2004년 물 한 병의 가격이 100만 리라였다면 2005년 여름부터는 1리라가 된 것이다.

화폐 개혁 이후 리라가 안정될 거라고 기대했던 튀르키예 사람들은 2012년 시리아 내전이 터지면서 크게 절망했다. 시리아내전 발발 전 1.8리라였던 1달러는 2013년 말에는 2리라까지 떨어졌다. 그 후 정부의 각종 비리 사건이 터지면서 튀르키예의 경제가 완전히 흔들렸다. 2023년 5월 말 기준 1달러는 20.03리라이다(이 문장을 읽은 후 인터넷에서 튀르키예 리라 환율을 한 번 확인해 보자).

OECD 창립 회원국인 튀르키예

튀르키예는 경제협력개발기구*OECD*의 창립 회원국이다. 선진국과 함께 경제협력개발기구를 창립한 튀르키예의 경제 수준은 냉전 시기에 더 높아졌다. 그러나 빈번하게 일어난 쿠데타와 '사기꾼' 정치인들 때문에 경제 개발 흐름을 안타깝게도 놓쳤다. 경제협력개발기구에서 퇴출당하지 않는 것만으로도 감사한 일이다.

화폐에 그려진 인물들

튀르키예의 지폐는 5리라부터 시작해 10, 20, 50, 100, 200리라로 총 여섯 장이다. 2023년 5월 말 기준 5리라는 한국 돈으로 환산하면 331.70원이다.

튀르키예 지폐에는 케말 파샤의 초상화가 있다. 튀르키예의 화폐법에 따르면 지폐 앞면에는 현직 대통령의 초상화가 있어야 하는데 왜 현직 대통령이 아닌 케말 파샤의 초상화가 있는 것일까?

케말 파샤가 사망하고 튀르키예의 두 번째 대통령이 된 이스메트 파샤 *Mustafa İsmet İnönü*는 당선되자마자 화폐에 본인의 초상화를 넣었다. 그러나 1950년대 정권 교체를 이룬 민주당은 이스메트 파샤의 영향력을 줄이기 위해 민주당이 선출시킨 대통령이 아닌 케말 파샤의 초상화를 화폐에 실었다. 이것을 계기로 화폐법을 수정해 오직 케말 파샤의 초상화만 화폐에

넣는 것으로 정해졌다.

튀르키예의 지폐를 잘 살펴보면 가장 적은 금액의 5리라 지폐에는 케말 파샤의 옆모습이 그려져 있고, 액수가 커지면서 케말 파샤가 점점 정면으로 바뀐다. 표정 또한 5리라는 살짝 미소 짓는 모습이지만 200 리라는 정면을 보고 완전히 웃고 있는 모습이다. 이를 보고 사람들은 "돈이 없으면 케말 파샤도 웃어주지 않는다."라는 우스갯소리를 한다.

함께 생각하고 토론하기

튀르키예의 교육 제도를 한국과 비교해 보면 튀르키예에서는 고등학교 때부터 교육 과정이 다양해지면서 각 분야의 전문화를 추구하고 있습니다. 고등학교는 중학교 성적으로 배정되며 학습 능력이 비슷한 아이들을 모아서 고등 교육을 합니다. 한국의 경우 튀르키예보다 과학고등학교나 외국어고등학교의 수가 훨씬 적고 고등학교 또한 학습 능력보다는 거주지 우선으로 배정됩니다.

● 튀르키예와 한국의 교육 제도를 비교했을 때 어떤 방식이 더 좋은가요? 이유도 함께 말해봅시다.

● ● 만약 내가 튀르키예에서 중학교에 다니고 있다면 어느 고등학교에 진학하고 싶나요? 그 학교를 선택한 이유도 함께 이야기해 봅시다.

3부

역사로 보는
튀르키예

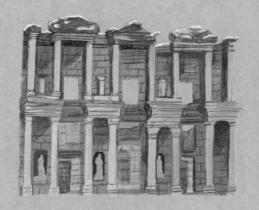

무식한 사람 옆에서
책처럼 조용히 있으라.
– 루미

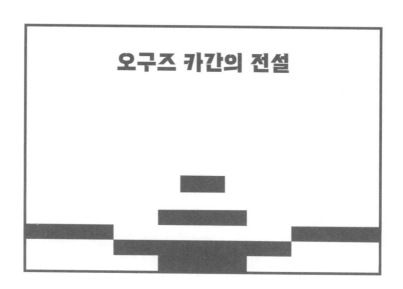

오구즈 카간의 전설

튀르키예의 건국 신화

한국의 단군신화처럼 튀르키예에도 건국 신화가 있다. 바로 '오구즈 카간의 전설'이다.

대부분의 신화 속 인물처럼 오구즈 카간은 일찍부터 말을 타기 시작했고, 모유를 한 번만 마신 후 바로 고기를 먹을 정도로 빠르게 성장했다. 오구즈 카간은 사냥하러 갔다가 숲에서 도깨비를 보고 바로 죽였는데 그때부터 그는 엄청난 힘을 갖게 되었다.

오구즈 카간은 여행 도중 들른 작은 섬에서 땅과 물의 힘을 지닌 여인을 만났다. 그녀와 결혼해 아들 셋을 낳았는데 이름을 교크*Gök*(하늘) 칸, 다으*Dağ*(산) 칸, 데니즈*Deniz*(바다) 칸으로 지었다.

시간이 흘러 오구즈 카간은 또다시 여행을 떠났는데 갑자기 하늘에서 푸른빛이 땅으로 떨어지더니 그곳에 한 여인이 나타났다. 그녀는 하늘과 공기의 힘을 지닌 여인이었고 오구즈 카간은 그녀와도 결혼해 아들 셋을 낳았다. 그 아이들의 이름은 균*Gün*(날 혹은 일) 칸, 아이*Ay*(달 혹은 월) 칸. 일드즈*Yıldız*(별) 칸으로 지었다.

이렇게 두 명의 부인에게서 태어난 여섯 명의 아들은 각각 네 명씩 아들을 낳았다. 이렇게 태어난 오구즈 카간의 손자 24명의 후예가 바로 오구즈 사람들이다. 이들은 24명의 손자 이름으로 된 씨족끼리 모여 살았다.

오구즈 카간 후손들의 이름을 딴 도시

오구즈 카간의 전설이 어디서부터 진실이고, 어디서부터 허구인지 정확하게 알 수는 없다. 전설에 나오는 24개 씨족의 일부는 실제로 소규모 도시나 마을을 형성했고 일부는 대제국을 세웠다.

그중 21번째 손자인 으드르*Iğdır*의 후예 씨족은 이란과 튀르키예로 이주해 작은 마을을 이루며 살았다. 지금도 이란과 튀르키예에는 '이드르'라는 이름의 마을이 많이 있다. 내 고향인 '으드르ᴵğᵈᶦʳ' 역시 이드르의 후예 씨족이 만든 도시이다.

이 밖에 셀주크 제국은 오구즈 카간의 24번째 손자인 크늑ᴷᶦⁿᶦᵏ의 후예 씨족이 세운 것이고, 오스만 제국은 오구즈 카간의 두 번째 손자인 카이으ᴷᵃʸᶦ의 후예 씨족이 세운 나라이다.

회색늑대 전설

모든 문명에는 하나의 창세 서사시가 하나씩은 있다. 한국의 창세 서사시는 한국인이라면 누구나 아는 단군신화이다. 튀르키예에도 창세 신화가 있는데 '회색늑대 전설*Bozkurt Efsanesi*'이다. 이 전설에 따르면 튀르키예 사람들의 조상은 회색늑대이다.

한 마을에 소년이 살고 있었는데 어느 날 배신자들에게 아버지와 부족 전체가 살해당했다. 가까스로 목숨을 건진 소년은 암컷 회색늑대의 보호를 받으며 알타이산으로 피신했다. 거기서 이 늑대와 결혼한 소년은 10명의 아들을 낳았고 산속에 살며 자손을 늘렸다. 그 후 마을로 내려가 가문의 복수를 하고 나라를 세웠는데 이 나라가 바로 '돌궐'이다.

● 회색늑대 전설

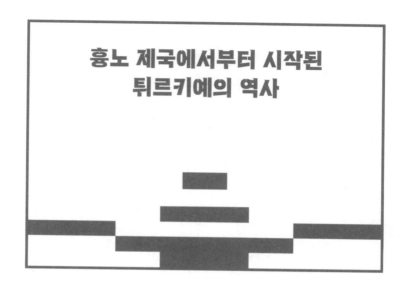

흉노 제국에서부터 시작된
튀르키예의 역사

튀르키예 사람들의 탄생지는 알타이산맥?

흉노족은 기원전 3세기부터 기원후 3세기까지 알타이산맥을 둘러싼 몽골 및 중국 북부 지역을 지배하던 유목 제국 카간국을 세운 민족이다. 흉노족이 어디에서 왔는지에 대해서는 아직도 많은 논쟁이 이루어지고 있다. 몽골과 튀르키예에서는 흉노족의 역사를 자기들의 역사라고 서로 주장하고 있다.

흉노 제국을 세운 장군이 튀르키예인인지 아닌지는 모르겠지만 그 당시 흉노 제국에 튀르키예 조상들이 살았다는 것은 확실하다. 따라서 튀르키예 사람들이 역사의 무대에 공식적으로 등장한 곳은 알타이산맥이라고 봐도 무방하다.

진시황과 어깨를 나란히 한 목돌 선우

흉노족은 황제를 '선우(單于)'라고 했다. 흉노 제국을 세운 사람은 '두만 선우'이고, 흉노 제국을 강대국으로 만든 황제는 두만 선우의 아들인 '목돌 선우'이다.

목돌 선우는 그 당시 세계에서 가장 강력한 힘을 갖고 있던 사람 중 하나로 목돌 선우와 어깨를 나란히 한 사람은 중국을 처음으로 통일시킨 '진시황'이었다. 목돌 선우는 북부 지역에서 유목 민족들을 통일시켜 커다란 제국을 만들었고, 진시황은 한자를 사용하는 민족들을 통일시켜 막강한 제국을 세웠다. 이들은 종종 맞섰는데 중국의 만리장성이 건설된 이유도 흉노족 때문이었다.

중국의 영향으로 분열된 흉노 제국

목돌 선우가 사망한 후에도 흉노는 계속 힘을 유지했다. 그러나 왕권을 물려받은 흉노 황제들이 중국 공주들과 결혼하면서 점점 중국의 영향력이 미치기 시작했다. 중국 공주들로 왕실에서는 분열이 일어났고 왕실 밖에서는 다른 부족의 불만이 나날이 쌓여 갔다. 이로 따라 흉노 제국은 점점 세력이 약화되었고, 기원전 58년 제국은 동서로 분단되었다.

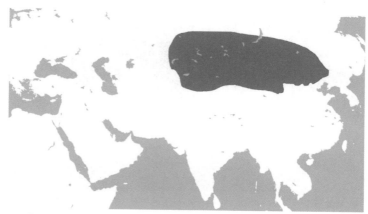

● 흉노 제국이 지배했던 지역

　서흉노는 100년을 버티지 못하고 기원후 40년경에 멸망했
다. 동흉노는 그보다 오래 유지되었지만 중국의 패권을 사이
에 두고 황제와 황제 조카가 벌인 내전 때문에 남북으로 분단
되었다. 그 후 100년 동안 명맥을 유지해 왔던 북흉노는 다른
유목민에게 멸망했고, 남흉노는 중국의 5호 16국 시대까지 명
맥을 유지했다.

사라진 흉노 제국 뒤에 탄생한 돌궐 카간국

　흉노 제국이 역사 속으로 완전히 사라지고 나자 그 지역에
많은 신생국이 생겨났다. 튀르키예 조상인 돌궐족이 세운 '돌

● 돌궐 지도

궐 카간국'도 그중 하나였다. 돌궐족은 흉노 멸망 후 여러 나
라 중 강대국으로 자리 잡았던 유연 카간국을 552년에 멸망시
키고 나라를 세웠다.

흉노와 같은 절차를 밟은 돌궐의 흥망성쇠

돌궐 카간국은 흉노 제국의 흥망성쇠를 그대로 답습한 듯했
다. 빠른 시간 안에 넓은 영토를 지배했지만 멸망의 과정도 흉
노와 비슷했다. 대내외적인 갈등과 분열로 582년 돌궐 카간국
은 동서로 분단되었고, 서돌궐은 곧 중국의 영토로 흡수되었
다. 동돌궐은 중국과 전쟁을 벌일 만큼 강한 나라로 전쟁에서
승리를 거두어 새로운 땅을 지배하기도 했으나 627년부터 시

작된 갑작스러운 기후 변화로 경제가 약해졌고 그 위기를 틈타 당나라가 동돌궐을 합병했다.

독립 후 중앙아시아의 패권을 차지한 동돌궐

약 50년 동안 당나라의 지배를 받은 동돌궐은 681년 다시 독립해 785년까지 중앙아시아의 패권을 쥐었다. 동돌궐은 다시는 자유를 잃고 싶지 않아 비문을 통해 많은 유언을 남겼다.

● 오르홍 비문

비문 중 가장 유명한 것이 '오르홍 비문'이다. 8세기 초 오르홍 강가에 세워진 이 비문에는 여러 가지 의미가 담겨 있다. 오르홍 비문은 튀르키예어로 기록된 역사상 최초의 비문이며, 중국이나 로마 등 다른 나라의 역사 속 튀르키예가 아닌 튀르키예의 조상들이 직접 기록한 그들의 역사이다.

새로운 삶의 터전을 찾아 서쪽으로

한때 중앙아시아의 실크로드를 장악해 전 세계에 많은 영향을 끼친 강대국 돌궐도 결국 역사 무대에서 사라졌다. 그러나 돌궐의 멸망 과정을 살펴보면 특이한 점이 있다. 돌궐 사람들은 중국의 지배를 피해 스스로 고국을 떠나 서쪽으로 이주하려고 했다. 중국의 공격과 군주 간의 싸움으로 나라가 혼란해지자 돌궐 사람 중 일부는 서쪽으로 이주했다.

그중 가장 멀리 이주한 돌궐 사람들이 바로 튀르키예인들의 조상이고, 고국을 떠나고 싶지 않았던 돌궐 사람들은 중국 신장 위구르 자치구에 사는 사람들의 조상이다. 즉 오늘날 신장에서 튀르키예 사이에 있는 나라들의 선조는 모두 똑같다.

돌궐의 후손들이 세운 나라

　　돌궐의 후손들이 세운 독립 국가는 카자흐스탄, 키르기스스탄, 우즈베키스탄, 튀르크메니스탄, 아제르바이잔, 그리고 튀르키예이다. 이 나라들을 비롯해 이란, 러시아, 중국, 기타 중앙아시아 국가에 살고 있는 돌궐의 후손들은 서로 흩어져 산 지꽤 오래되었지만 여전히 같은 정신과 문화와 언어를 공유하고있다. 예를 들어 위구르어, 튀르키예어, 카자흐어는 비슷하다. 중국의 위구르족 식당에서 튀르키예어로 주문하면 식당 종업원들이 다 알아듣는다.

● 돌궐 후손들이 세운 나라

튀르키예인의 조상, 오구즈 사람들

건국 신화에도 나오는 오구즈 카간의 후손들인 오구즈 사람들은 중국어로는 '오고사(烏古斯)', 영어로는 '오구즈 튀르크 *Oghuz Turks*'라고 한다. 지금의 카자흐스탄 지역에 오구즈 얍구국를 세웠던 이들은 튀르크메니스탄, 아제르바이잔, 튀르키예의 조상이다.

오구즈 사람들은 키르기스스탄 동쪽에 위치한 이식쿨 호수 주변에 살다가 카자흐스탄 쪽으로 이주해 아랄해와 카스피해 사이에 나라를 세웠다. 당시 오구즈 얍구국은 동쪽의 중국인, 북쪽의 킵차크인, 남쪽의 이슬람으로 개종한 튀르크계 사람들과 사이가 좋지 않았고 종종 싸우기도 했다.

오구즈 얍구국은 역대 튀르크계 국가들과 비교해서 영토가 작고 주변 나라에 끼친 영향이 그리 크진 않지만 오늘날 튀르크계 민족의 이동 과정을 설명하는 데 큰 도움을 준다. 예를 들어 북쪽에 있던 킵차크인들이 남쪽으로 내려오면서 지금의 카자흐스탄을 만들었고, 이들의 이동으로 인해 더 남쪽 지방으로 내려간 오구즈 사람들로부터 튀르크메니스탄의 역사가 시작되었다. 사실은 '튀르크멘'이라는 단어도 '신앙이 있는 튀르크인', 즉 이슬람으로 개종한 튀르크 사람들을 의미한다.

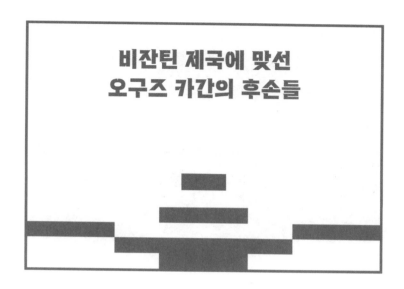

셀주크 베이

오구즈 얍구국 말기 대내외적으로 발발한 갈등이 국가에 큰 문제가 되었다. 그중 셀주크 베이*Selçuk Bey*의 반란이 가장 심각했다. 유력한 장군 중 한 명이었던 셀주크 베이와 그의 가족은 이슬람으로 개종하고 비무슬림 왕에게 세금을 내는 것을 거절해 세무 대사직에서 쫓겨났다. 이를 계기로 이슬람으로 개종한 오구즈 사람들은 셀주크 베이를 지도자로 삼고 그가 있는 남쪽으로 이주했다.

그들이 이주한 오구즈 얍구국의 남쪽에는 가즈나 제국이 있었다. 985년 즈음 오구즈 얍구국에서 자치권을 얻은 셀주크 베

● 셀주크 베이의 묘비

이는 가즈나 제국의 움직임을 예의주시했다. 가즈나 제국 또한 셀주크 베이의 부상이 국익을 위협한다고 생각해 셀주크 베이가 정착한 지역을 공격하고 그의 아들을 납치하기도 했다.

셀주크 제국의 탄생

1007년 셀주크 베이가 사망하자 많은 문제가 발생했다. 새로운 지도자를 선출하지 못한 불확실한 상황이었기 때문이다. 셀주크 베이의 손자인 투으룰 베이*Tuğrul Bey*와 그의 작은 아버지들 그리고 사촌 동생들까지 주도권을 놓으려 하지 않았다.

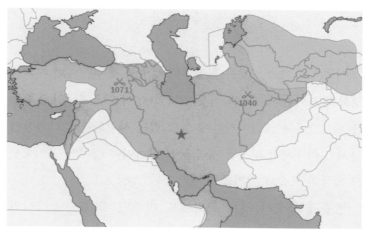

● 셀주크 제국이 지배한 영토

　인도에 있는 가즈나 제국의 동태를 파악한 투으룰 베이는 이란 지역의 동부를 정복했지만 작은아버지들이 모두 세상을 떠난 후에야 유일한 지도자가 되었다. 그는 1037년 오구즈 얍 구국에서 완전히 독립했다고 선언하고 나라 이름을 '셀주크' 라 했다.

　수도를 니샤부르로 정하고 술탄으로 즉위한 투으룰 베이에게는 숙원 과제가 하나 남아있었다. 셀주크를 가장 괴롭히던 가즈나 제국에게 복수하는 것이다. 이에 셀주크는 1040년 가즈나 제국과 대규모 전쟁을 벌였고 이 전쟁에서 승리해 가즈나 제국의 땅 일부를 흡수하고 제국이 되었다.

　서쪽으로 계속 영토를 확장했던 셀주크 제국은 이란 지역을 정복하고 비잔틴 제국과 이웃이 되었다. 비잔틴 제국의 귀족들은 튀르크족과 중앙아시아에 살고 있는 사람들을 알타이산맥 근처로 이주시켜 비잔틴 제국 국경 가까이에 정착시키는 셀주크 제국의 모습에 위기를 느꼈다.

　셀주크 제국의 영토 확장에도 비잔틴 황제는 소극적인 안보 정책을 펼쳤다. 이에 불만을 품은 귀족들은 장군 출신의 로마노스 4세*Rōmanos IV Diogenēs*를 황제로 즉위시켰다. 황제가 된 로마노스 4세는 셀주크 제국을 막기 위해 강력한 군사

● 튀르키예 교과서에 나온 만지케르트 전쟁을 묘사한 그림

정권을 수립했고, 1071년 만지케르트에서 셀주크 제국과 큰 전쟁을 치렀다. 군인 수가 절대적으로 부족했던 셀주크 제국의 술탄 알프 아르슬란*Alp- Arslan*은 휴전을 원했지만 로마노스 4세는 이를 거부했다.

수적으로 열세였음에도 제국에 대한 충성심이 강하고 숙련된 셀주크 제국의 군인들은 만지케르트 전쟁에서 비잔틴 제국에 압도적인 승리를 거두었다. 비잔틴 제국의 군대 절반 이상이 도망갔고 로마노스 4세는 셀주크 제국의 군대에 포로로 잡혔다.

새로운 조국이 된 아나톨리아반도

만지케르트 전쟁은 오늘날 튀르키예 사람들에게 큰 의미가 있다. 이 전쟁을 계기로 아나톨리아반도에 튀르키예 사람들이 아무런 걱정 없이 이주할 수 있었다. 비잔틴 제국의 압박이 사라지면서 아나톨리아반도는 튀르키예 사람들에게 새로운 조국이 된 것이다.

셀주크 제국에서
오스만 제국으로

오스만 왕조의 탄생

● 튀르키예 교과서에 나온 오스만 베이의
초상화

세계 역사에서 강대국 중
하나로 기록된 비잔틴 제국
을 이긴 셀주크 제국은 서쪽
이 아닌 동쪽에서 공격을 받
아 멸망했다.

13세기 초 알타이산맥 지
역은 칭기즈 칸에 의해 통일
되었다. 그는 중국을 정복한
후 서쪽으로 향했다. 칭기즈

칸 사후 서쪽으로 계속 진출한 몽골 제국은 1243년 셀주크 제국과 전쟁을 벌였다. 이 전쟁에서 패한 셀주크 제국은 세력을 계속 유지하지 못했고 이에 셀주크 제국의 유력한 장군들이 잇따라 독립을 선언했다. 그중에서 가장 유명한 장군이 1299년 오스만 왕조 건국을 선언한 오스만 베이*Osman Bey*이다.

세계 최강국이 된 오스만 제국

오스만 베이가 이끈 나라는 비잔틴 제국만 공격했다. 세력이 커지자 오스만 왕조의 메흐메트 2세*Mehmet II*는 나머지 튀르크 왕조들을 손쉽게 흡수한 후 이스탄불을 정복했다. 이를 계기로 오스만은 전 세계에서 가장 강력한 제국으로 등장했다. 스스로 '제3의 로마 제국'이라고

● 이탈리아 화가가 그린 메흐메트 2세의 초상화

칭한 오스만 제국은 17세기 초기까지 약 2세기가 넘는 기간 동안 세계 최강대국으로 군림했다.

맘루크 왕조의 합병

오스만 제국 당시 중요한 사건이 또 하나 있었는데 바로 맘루크 왕조의 합병이다. 16세기 초 이집트에 세워진 맘루크 왕조를 중심으로 중동 지역은 하나의 나라였다. 메흐메트 2세의 손자인 셀림 1세Selim I 는 역대 오스만 술탄들과 달리 유럽이 아닌 오직 동부, 즉 이란과 아랍 지역만 공격했다. 8년이었던 짧은 재위 기간 동안 셀림 1세는 맘루크 왕조를 합병하면서 중동을 오스만 제국의 지배하에 두었다.

그의 중동 정책으로 오스만 제국은 새로운 땅뿐 아니라 이슬람 성지인 메카와 메디나도 획득했다. 그 결과 오스만 제국은 모든 이슬람 신자들의 지도자가 되었다.

오스만 제국의 최전성기

오스만 제국의 전성기는 셀림 1세의 아들인 술레이만 1세 Süleymane I 의 재위 기간이었다. 자신이 하늘 아래 유일한 왕이라고 믿었던 술레이만 1세는 오스만 제국을 지구상에서 가장 강력한 나라로 만들었다. 그의 재위 시절 오스만 제국의 군대는 유럽 연합군을 두 시간 만에 격파시킬 정도로 강력했으며 그 자신은 프랑스나 헝가리 같은 나라의 왕위까지 결정하는 역

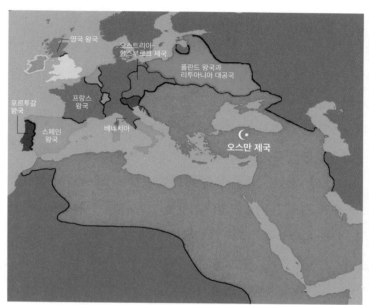

● 오스만 제국의 최대 국경

할을 했다.

하지만 대항해시대가 열리자 술레이만 1세 사후에도 한동
안 초강대국 위치를 유지했던 오스만 제국의 상황이 변하기
시작했다.

민족주의로 인한 오스만 제국의 위기

유럽에서 대항해시대가 열리자 경제적으로 강력해진 유럽 국가들은 군사력을 키워 오스만 제국을 식민지화하는 데 앞장 섰다. 특히 19세기 초에 불어온 민족주의 영향으로 오스만 제 국 내 많은 민족이 반란을 일으켜 독립하려고 했다.

오스만 제국은 힘을 잃기 시작했다. 20세기 유럽에서 유학 을 하고 온 군인들이 통일진보당을 만들어 민족주의를 내세웠 을 때는 이슬람교를 믿는 아랍인들까지 분노했다.

1차 세계대전에서 패하다

민족주의의 영향으로 많은 민족이 독립하고 영토가 축소 된 오스만 제국은 1차 세계대전에 가담했다. 사실 오스만 제국 의 술탄은 전쟁에 개입하고 싶지 않았지만 이미 쿠데타로 정 권을 잡은 통일진보당의 압력으로 어쩔 수 없이 독일 편에 서 게 된 것이다.

그들의 야심으로 오스만 제국은 비싼 대가를 치를 수밖에 없었다. 독일의 패배로 오스만 제국 또한 패전국이 되었고 그 결과 중동은 물론이고 현재 튀르키예 공화국이 있는 땅까지 연 합군에게 점령당했기 때문이다.

오스만 제국은 제국이 아니다

튀르키예 사람들은 오스만 '제국'이라는 표현을 좋아하지 않는다. 오스만 제국 대신 '오스만 대국가*Devlet-i Âliyye-i Osmâniyye*'라고 지칭한다. 누구를 강제 노동시키지도 않았고, 누구의 종교에도 개입하지 않았으며, 누구의 언어를 탄압하거나 동화시키려고 하지도 않았기 때문이다.

사실 나 또한 튀르키예의 역사에 대해 이야기할 때 오스만 '제국'이라고 하지 않고 오스만 '국가'라고 한다. 하지만 이 책에서는 독자 여러분이 오스만 제국이라는 표현에 익숙하기 때문에 '제국'이라는 표현을 사용했다.

튀르키예 세속주의의 탄생

케말 파샤

연합군에게 나라 곳곳을 점령당한 오스만 제국의 국민들은 자발적으로 앞장서 연합군에 저항했다. 그러나 이스탄불은 점령당했고 오스만 제국의 마지막 술탄은 힘이 없었으며 통일진보당 인사들은 피신한 상태였다. 오스만 제국의 마지막 땅인

● 케말 파샤

아나톨리아까지 식민지가 될 위기에 처해 있었다.

영국 총독부는 술탄에게 아나톨리아에 해체되지 않고 남아 있는 부대들을 조사하라고 명령했다. 술탄은 이를 기회라고 생각해 예전 유럽 순방을 떠날 때 경호실장이었던 케말 파샤를 아나톨리아 조사관으로 보냈다. 그 당시 이스탄불에 있는 군인들이나 정치인들은 영국의 허가 없이 도시 밖으로 나갈 수 없었다. 그러나 영국 총독부의 명령으로 케말 파샤는 공식적으로 아나톨리아로 갈 수 있었다.

튀르키예 공화국의 탄생

아나톨리아에서 연합군에 저항하던 민병대의 우두머리들을 만난 케말 파샤는 이들을 하나의 군대로 편성시켰다. 유럽의 식민지가 될 거라는 불안감이 온 나라를 휩싸고 있을 때 케말 파샤가 이끈 군대는 해방전쟁을 일으켰고 전쟁의 결과 중동 영토는 빼앗겼지만 아나톨리아반도는 사수할 수 있었다.

해방전쟁 동안 군대는 앙카라에 있는 국회에서 진두지휘했고 전쟁이 끝난 후에는 자연스럽게 혁명을 일으켰다. 1923년 혁명군은 튀르키예 공화국을 선포했다. 이로써 오스만 제국은 역사의 무대에서 사라지고 그 자리에 튀르키예 공화국이 탄생했다.

세속주의를 바탕으로 한 성공적인 현대화

튀르키예 공화국의 대통령이 된 케말 파샤는 그동안 생각해 오던 진보적인 정책을 실현하기 시작했다. 여성에게 투표권과 참정권을 주었고 세속주의를 헌법에 도입했다. 세속주의에 맞추어 교육 제도를 개편했고 튀르키예어 표기법을 아랍 문자에서 라틴 문자로 바꾸었다. 그리고 성법을 만들면서 튀르키예 사람들은 성을 가지게 되었다. 또한 유럽에서 경험했던 행정 제도를 튀르키예에 도입해 성공을 거두었다. 이렇게 케말 파샤는 진보적인 개혁을 통해 튀르키예 공화국을 성공적으로 현대화시켰다.

● 케말 파샤와 친구들

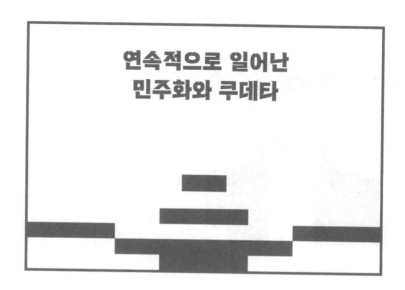

연속적으로 일어난
민주화와 쿠데타

이스메트 파샤

케말 파샤의 개혁 정책으로 다시 희망이 생긴 튀르키예 공화국은 케말 파샤 사후 급속도로 혼란에 빠졌다. 과격한 세속주의 개혁들 때문에 이미 케말 파샤 정권 말기에는 보수 성향 국민들의 불만이 쌓일 대로 쌓인 상태였다. 다만 경제 개발 정책 때문에 그나마 참고 있었다.

1938년 케말 파샤가 사망하고 나자 그의 군사사관학교 후배인 이스메트 파샤Ismet Paşa가 대통령이 되었다. 그는 케말 파샤 정권 초기 총리직을 맡았으나 곧 물러날 수밖에 없었다. 이스메트 파샤의 경제 정책이 마음에 들지 않았던 케말 파샤가

● 이스메트 파샤

군부 출신이 아닌 젤랄 바야르 *Mahmud Celâleddin Bayar*를 총리로 임명한 것이다. 일종의 예의 있는 숙청이었다.

케말 파샤 사후 국회를 구성하고 있던 권위주의 세력들은 젤랄 바야르 대신 이스메트 파샤를 대통령으로 추대했다. 이에 따라 케말 파샤 정권 때 몇 번이나 시도했던 다당제 계획은 이스메트 파샤가 대통령이 되면서 실현 가능성이 사라졌다.

부정 선거로 치러진 다당제 선거

이스메트 파샤의 정권은 오래가지 않았다. 1945년 2차 세계 대전이 끝날 당시 소련이 동아나톨리아 지역에 욕심을 부리자 튀르키예는 그동안 지켜 왔던 중립 외교 정책을 버리고 친미 외교 정책으로 전환했다.

그러나 미국은 튀르키예의 군사 동맹을 받아들이지 않았다. 민주화가 안 된, 다당제가 없는 나라와의 친교를 자국민에게 설명할 수 없다는 이유에서였다. 이에 튀르키예는 '위에서부터의 민주화'를 결정했다.

이스메트 파샤는 다당제 허가를 선포했고 1948년 처음으로 선거가 실시되었다. 물론 이는 부정 선거였다. 출마한 지역이 아닌 다른 지역에서 국회의원으로 당선되는 실로 어처구니없는 선거였다. 부정 선거로 치러진 다당제 선거 결과 이스메트 파샤는 다시 대통령에 당선되었다.

소련에 대한 두려움으로 시작된 튀르키예의 민주화

그러나 부정 선거에 대한 야당의 엄청난 압박으로 1950년 다시 선거가 열렸다. 이 선거는 국민의 뜻이 그대로 투표에 반영되었고, 1938년 실각한 젤랄 바야르 총리가 창당한 민주당이 여당이 되었으며, 젤랄 바야르가 대통령이 되었다. 소련에서 동아나톨리아 지역을 지키기 위해 시작된 튀르키예의 민주화 과정이 민주당의 승리로 일차적으로 완성된 것이다.

1950년 이후부터 튀르키예의 정치 구도는 보수를 대표하는 민주당과 진보를 대표하는 공화당으로 나뉘었다. 민주당은 튀르키예의 민주화를 위해 처음에는 큰 노력을 기울였다. 특히 군부의 힘을 축소하기 위해 많은 개혁을 펼쳤다. 그러자 군부의 불만이 커졌고, 1954년부터는 젊은 장교들이 비밀리에 쿠

● 선거 운동을 하고 있는 아드난 멘데레스(출처: trt)

데타를 모의했다. 하지만 경제 발전과 민주화 개혁들 덕분에 튀르키예 국민들은 민주당을 신뢰했고, 국민을 설득하지 못한 쿠데타는 명분을 얻을 수 없었다.

그러나 평화는 오래가지 않았다. 1957년 이후 권력의 맛을 느낀 민주당이 독재적인 모습을 보이기 시작한 것이다. 곧 튀르키예 곳곳에 시위가 일어나기 시작했다.

민주당 정권의 독재 정책이 횡행하던 때 이스메트 파샤는 국회에서 한국의 4.19혁명을 사례로 들며 다음과 같이 연설했다.

"압박을 아끼지 않는 사람들(여당 사람들)이 잘 알아야 한다. 튀르키예 사람들은 한국 사람들보다 명예를 덜 중요하게 여기는 국민이 아니다."

민주당 정권은 이스메트 파샤의 발언이 군부를 자극한다고 주장하면서 그의 국회 발언권을 박탈시켜 버렸다. 이에 자극받은 젊은 군인들이 1960년 5월 27일 쿠데타를 일으켰다.

● 쿠데타를 일으킨 군인들의 모습

반복되는 튀르키예의 정치 상황

5.27쿠데타 이후 튀르키예의 정치적 흐름은 10년마다 똑같이 반복되고 있다. 군부는 진보 진영인 공화당 편이었고 민주적인 절차로 보수 세력이 권력을 잡으면 쿠데타를 일으켰다. 1971년, 1980년, 1997년 쿠데타가 모두 이러한 배경에서 발생했다. 군부와 공화당은 케말 파샤의 혁명이 완성되지 않았다고 생각하고, 보수 세력은 케말 파샤의 혁명이 어느 순간부터 너무 강해져 조절해야 한다고 판단했기 때문이다. 군부의 힘을 빌린 진보와 국민의 과반수를 확보한 보수의 정치적인 충돌은 항상 쿠데타로 마무리되었다.

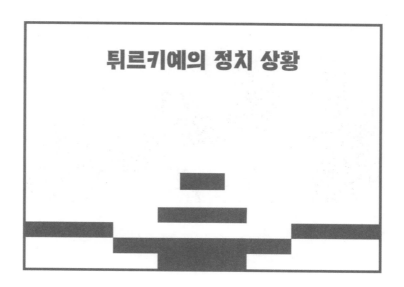
튀르키예의 정치 상황

최근 튀르키예의 각 신문사 국제부 면에는 이런 기사가 실렸다.

"튀르키예 대통령은 대통령제를 원하고 있다."

이 기사를 본 사람들은 "대통령이 있는데 왜 대통령제를 원하지?"라며 의아해한다.

행정 체제를 바꾼 레제프 타이이프 에르도안

한국과 달리 튀르키예의 행정 체제는 대통령제가 아닌 의원 내각제다. 즉 튀르키예에서 실권은 대통령에게 있는 것이 아니

● 투표를 하고 있는 튀르키예 국민들

라 의원 내각의 수반인 총리에게 있다. 국회에서 나온 법을 감
시하는 역할과 일부 기관의 수장을 임명하는 정도의 권한만을
갖고 있는 대통령의 권리 범위는 총리보다 훨씬 적다.

현재 튀르키예 대통령인 레제프 타이이프 에르도안은 2003년
3월부터 튀르키예의 총리로 임명되어 가장 오래 집권한 정치인
이다. 그는 자기 정당인 AKP당에서 '최대 3선' 규칙을 만들었기
때문에 2015년 총선에 출마할 수 없었다.

이러한 상황을 미리 고려한 그는 2007년 국민 투표를 실시
해 대통령의 임기를 7년에서 5년으로 줄이고 연임이 가능하도
록 만들었다. 또한 대통령 선거를 간접선거제에서 직접선거제로
바꾸었다. 그 결과 그는 총리직을 거쳐 대통령이 되어 지금까지
약 10년간 튀르키예의 대통령직을 수행하고 있다.

2014년 압둘라 귈*Abdullah Gül* 대통령의 임기가 끝나자 그 당시 총리였던 레제프 타이이프 에르도안은 처음으로 열린 대선에 출마해 52퍼센트의 지지율로 대통령이 되었다. 12년 동안 총

● 레제프 타이이프 에르도안이 국회에서 연설하는 모습

리였던 그는 총리의 권력과 대통령의 권력이 큰 차이를 보이자 행정 체제를 대통령제로 바꾸기로 했다.

2017년 4월 계엄령 선포하에 국민 투표를 실시했다. 투표의 결과로 개헌을 추진한 그는 대통령직을 최고의 권력을 가진 자리로 만들어버렸다. 현재 레제프 타이이프 에르도안 대통령은 튀르키예의 3권(행정부, 사법부, 입법부)을 하나의 손에 쥔 상황이다.

튀르키예 정치판을 주도하는 두 정당

튀르키예의 행정 체제와 정당들의 구성은 한국과는 다르다. 지난 몇 년 동안의 한국 정치 상황을 살펴보면 미국과 비슷하게 핵심적인 진보 정당과 주도적인 보수 정당이 정권을 번갈아 가며 차지하고 있다.

● 민주당 로고　　　　　　● 공화당 로고

　그러나 튀르키예에서는 보수와 진보를 판단하기가 참 애매하다. 이러한 국회의 복잡한 구도와 함께 행정 체제 또한 대통령제도 내각제도 아닌 상태다. 1923년 튀르키예 공화국이 선포된 후 튀르키예는 한동안 단일정당제로 통치되었다. 국부 케말 파샤가 창당한 공화당이 두 번째 대통령 이스메트 파샤 재임 기간까지 정권을 이어갔다. 그러나 대내외적인 압박으로 2차 세계대전 이후 다당제로 넘어갔고 그때 창당된 민주당이 총선에 이겨 정권 교체가 이루어졌다.

　민주당은 단일정당제 기간 동안 박해를 받은 세력이 창당한 정당이 아니라 모두 공화당의 인사들이다. 1950년 총선 때 민주당 후보로 나서 대통령이 된 젤랄 바야르는 케말 파샤가 집권했던 시기의 마지막 총리였고, 이 선거를 통해 총리가 된 아드난 멘데레스*Adnan Menderes*는 공화당에서 4선을 했던 국회의원이었다. 즉 공화당 내에 있었던 보수 세력이 탈당해 민주당을 창당한 것이다. 그러므로 1950년에 있었던 정권 교체는 완전한 정권 교체라기보다 일종의 세력 내 정권 교체였다. 이와 같은 세력들이 1946년부터 튀르키예의 정치를 이끌어가고 있다.

시간이 지나면서 튀르키예 정치에 다른 요소들이 영향을 끼치기 시작했다. 그 결과 2000년 튀르키예의 정치판은 완전히 바뀌어 보수라는 개념이 '민족적 보수'와 '종교적 보수'로 나뉘어졌다. 현재 종교적 보수를 대표하는 AKP당은 45~50퍼센트 지지율을 얻어 장기 집권을 하는 상황이다.

튀르키예의 정당들

공화당은 진보를 대표하지만 동시에 종교 정책에 예민하고 세속주의를 원리적으로 지키는 것을 가장 큰 과제로 삼고 있다. 공화당은 약 25~28퍼센트의 지지율을 차지하고 있으며 튀르키예의 변하지 않는 제1야당이다.

종교보다는 민족적 요소로 보수 이념을 만들고 흉노나 돌궐 제국의 정신을 우선시하는 민족운동당은 12~15퍼센트의 지지율로 세 번째로 큰 정당이다.

튀르키예 정치에 영향을 미치고 있는 또 다른 정당으로 인민민주당이 있다. 이름만 들어도 사회주의 성향이 뚜렷하게 보이는 인민민주당은 동남부에 있는 쿠르드족의 문화권이나 자

● 튀르키예 국회 건물

치권에서 활동한다. 약 10~12퍼센트 정도의 지지율로 튀르키예 동남부 지역에 거주하는 급진 쿠르드족을 포함한 소수 민족과 서부 지역에 있는 사회주의자들에게 지지받고 있다.

튀르키예의 국회는 2000년 이후부터 네 개의 정당으로 구성되어 있다. 이외에도 세속주의를 폐지하고 사우디아라비아나 이란처럼 종교와 정치를 일치시키는 원리주의를 표방한 정당도 있고 공산화를 추구하는 정당도 있다. 최근에 열린 지방 선거에서는 튀르키예공산당 후보가 툰젤리시장에 당선되었다.

튀르키예의 언론

기자로 활동했던 내가 가장 잘 알고 있는 분야인 튀르키예 언론에 대해서 소개하고자 한다.

기업화되어 있는 튀르키예의 언론 구조

한국의 언론사는 2011년 부터 종합채널 편성권을 가지게 되었다. 그전에는 신문사와 방송사가 하나의 그룹으로 운영될 수 없었다. 이와 달리 튀르키예의 언론은 오래전부터 방송 채널과 신문사가 기업 형태로 운영되고 있다. Kanal D와 일간지 Hurriyet, Atv와 일간지 Sabah는 방송 채널과 신문사가 함께 운영되는 대표적인 튀르키예의 언론 기업이다.

● 일간지 Kanal D

튀르키예 기자들의 위상

튀르키예 언론에서 주목할 만한 점은 '대(大)기자'들의 존재이다. 튀르키예 기자들은 연예인 정도로 광팬을 거느리고 있어서 언론사 경영자들은 인기 있는 기자들을 자기네 언론사에 유치하려고 노력한다.

유명 기자가 밥을 먹으러 가면 사람들이 알아보고 사진을 같이 찍자고 요청하기도 하고, 식당 주인은 유명 기자가 본인의 가게에 방문했다고 사진을 찍어 벽에 걸어놓기도 한다.

유명 기자들은 직장을 옮기면 연봉과 별도로 계약금을 받는다. 그들의 연봉은 최소 2억 원 정도인데 이 이야기를 한국 기자들에게 해주면 십중팔구 부러워한다.

● Kanal D 뉴스룸

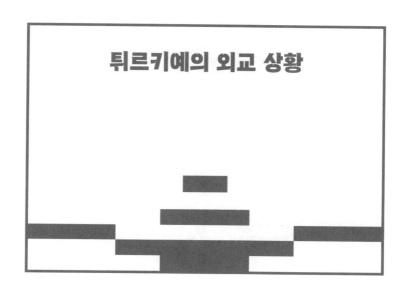

튀르키예의 외교 상황은 꽤 복잡하다. 유럽 대륙과 아시아 대륙에 속해 있는 튀르키예는 이웃에 접해 있는 나라가 너무 많다. 튀르키예의 서쪽에는 그리스, 불가리아, 키프로스, 시리아, 이라크, 이란, 아제르바이잔, 아르메니아, 조지아가 있다. 이들 국가와의 관계는 각각 특별하고 이에 따라 외교 문제도 발생하고 있다.

그리스와의 영유권 분쟁

튀르키예와 외교 이슈가 가장 많은 나라는 그리스이다. 튀

● 튀르키예 주변국

르키예와 그리스와의 외교 문제는 독도를 사이에 둔 한일 간
의 외교 문제와 비슷한 면이 많다. 튀르키예와 그리스 사이에
는 독도와 같은 섬이 많다. 에게해에 있는 많은 제도나 섬이 두
나라 사이에 영유권 문제를 발생시키고 있다. 일부 제도는 튀
르키예가 실질적으로 지배하고 있지만 그리스가 영유권을 주
장하고 있으며, 또 다른 제도는 그리스가 실질적으로 지배하고
있지만 튀르키예가 영유권을 주장하고 있는 상황이다. 그러나
튀르키예와 그리스는 같은 군사 동맹 기구인 나토*NATO*의 회원
국이어서 최근에는 큰 충돌이 터지지 않고 있다.

키프로스의 분단

튀르키예와 그리스 간의 더 심각한 외교 문제는 키프로스의 분단이다. 키프로스는 튀르키예계와 그리스계 주민들로 구성된 섬나라이다. 약 300년 동안 오스만 제국이 지배했던 키프로스는 영국의 식민지가 되었고 1960년 키프로스 공화국이라는 이름으로 독립했다.

인구 비율로는 그리스계 주민이 많아서 몇 번이나 키프로스와 그리스의 통일이 거론되었지만 튀르키예계 주민들의 반대로 무산되었다. 1970년대에 그리스에서 쿠데타가 일어났는데 쿠데타 세력들이 국민들의 지지를 받기 위해 키프로스에서 쿠데타를 일으켜 강제 통일을 시도했다. 이 과정에서 튀르키예계 주민들이 쿠데타 세력에게 학살당했다.

쿠데타로 권력을 잃은 당시의 그리스계 대통령은 튀르키예와 영국을 키프로스로 불러들였다. 이에 튀르키예는 키프로스 문제에 개입해 튀르키예계 주민이 거주하는 지역을 점령했다. 이를 계기로 그리스계 주민들을 신뢰할 수 없었던 튀르키예계 주민들은 섬 북부에 나라를 세웠다.

현재 키프로스 공화국은 유엔이 인정한 합법적인 정부이지만 실질적으로는 섬의 남부만 지배하고 있다. 키프로스 정부는 북부 지역의 튀르키예계 정부와 평화 통일을 시도하면서 튀르키예와 그리스의 눈치를 보고 있다. 두 나라 또한 키프로스의 통일 과정에서 이권 다툼을 벌이고 있다.

아르메니아와 학살 논란

튀르키예의 또 다른 외교 이슈는 아르메니아와의 사이에서 일어난 학살 논란이다. 오스만 제국에 살고 있던 아르메니아 사람들은 19세기 말부터 20세기 초에 독립하려고 했다. 세르비아와 그리스 또한 19세기 초 반란을 일으켜 독립을 이루었다.

그러나 아르메니아 사람들의 독립은 세르비아와 그리스의 독립과는 다른 의미를 지니고 있었다. 아르메니아 사람들은 오스만 제국의 성실한 일곱 개의 민족 중 하나였고, 다른 무슬림 민족들과 함께 거주하고 있었기 때문에 오스만 제국은 아르메니아 사람들의 독립을 용납할 수 없었던 것이다.

특히 1차 세계대전 당시 오스만 제국이 다른 나라와 싸우는 과정에서 아르메니아 독립 세력이 큰 반란을 일으켜 같은 지역에 있던 튀르크, 쿠르드, 아제르바이잔계 주민들을 학살하자 오스만 제국 정부는 아르메니아 주민들을 강제로 이주시켰다. 전쟁이 한창이었고 전염병이 번진 상황이어서 많은 아르메니아 주민이 죽었다. 살아남은 사람들은 튀르크족이나 쿠르드족으로 신분을 바꾸었다. 당시 일부 오스만 제국의 군인들은 아르메니아 독립 세력이 저지른 학살에 분노해 무고한 아르메니

● 1차 세계대전 이후 무슈시에 도착한 러시아군이 발견한 아르메니아인들의 공동 묘비

● 1986년에 으드르에서 발견된 튀르크-쿠르드족의 공동 묘비

아 사람들을 죽이기도 했다.

1차 세계대전이 끝난 후 영국은 오스만 제국 장군들과 정치인들을 몰타의 전범 재판소에 세웠다. 그 과정에서 그들이 벌인 학살은 독일군의 유대인 학살과는 다르다고 증명되어 무죄로 판명 났다. 아르메니아 정부는 오스만 제국이 아르메니아 사람을 100만 명 넘게 학살했다고 주장하고, 튀르키예 정부는 아르메니아 사람들이 오스만 제국 주민들을 학살했다고 주장한다. 아르메니아 사람들은 공동묘지 사진을 증거로 내보였고, 튀르키예 사람들 또한 으드르에서 발견된 공동묘지 사진을 공개하며 아르메니아의 주장에 반박했다.

내 고향인 으드르는 튀르크, 쿠르드, 아르메니아와 아제르바이잔계 주민들이 함께 살던 도시였고, 지금도 아르메니아와 국경을 접하고 있다. 내가 어렸을 때 아르메니아 사람들이 오스만 주민들을 학살했다고 증언하는 할머니가 동네에 많이 살고 있었다. 그와 동시에 오스만 군인들이 아르메니아 사람을 많이 죽인 것 또한 사실이다. 누가 더 많이 죽였는지를 따지며 학살당했다고 주장하는 것은 그리 인간적으로 보이지 않는다. 1915년에 일어난 이 사건은 현존하는 최고의 중동학자 버나드 루이스*Bernard Lewis* 교수의 말처럼 어느 한쪽의 학살이라기보다 일종의 내전이라고 생각한다.

튀르키예를 빛낸 인물

정복자 술탄 메흐메트 2세

튀르키예 역사상 가장 유명한 사람으로 메흐메트 2세를 들 수 있다. 이스탄불을 정복해 비잔틴 제국을 멸망시키고 스스로 로마 제국의 황제가 되고 싶었던 메흐메트 2세는 어릴 때부터 전통적인 튀르키예 교육을 받았다. 기술 분야와 외국어 분야를 배우는 데 많은 시간을 투자한 그는 튀르키예어, 아랍어, 페르시아어는 물론 그리스어, 이탈리아어 등 서양 언어들까지 유창하게 할 수 있었다.

그는 단단한 성벽으로 둘러싸인 이스탄불을 정복하기 위해 황태자 시절부터 이스탄불로 스파이를 보내 성벽의 조각을 입

● 메흐메트 2세가 만든 대포

수한 후 이를 연구해 성벽을 무너뜨릴 수 있는 대포를 개발했
다. 그 당시 유럽에서 가장 뛰어난 대포 기술자들은 헝가리 사
람들이었는데 메흐메트 2세는 그들을 오스만 제국으로 모셔
오는 것도 마다하지 않았다.

메흐메트 2세가 술탄으로 즉위했을 때의 나이는 불과 스무
살이었다. 그는 술탄으로 즉위하자마자 이스탄불 정복 계획을
말했다. 하지만 재상들 모두가 반대했다. 유럽 국가들이 분열
되긴 했지만 상징적인 의미를 지닌 이스탄불을 끝까지 지키려
할 것이고 이를 위해 동맹을 맺으면 나라에 큰 위협이 될 수
있었기 때문이다. 그러나 메흐메트 2세는 이스탄불 정복 의지
를 꺾지 않았다.

메흐메트 2세의 비잔틴 제국 정복 계획을 알고 있던 콘스탄티누스 11세*Constantine XI*는 오스만 제국 선박들의 경로를 미리 파악해서 성벽 중 약한 부분인 금각만 입구에 사슬을 달았다. 비잔틴 제국에 경로가 노출된 것을 알게 된 오스만 제국 선박들은 당황했지만 메흐메트 2세의 지시에 따라 육로로 이동했고 결국 이스탄불을 정복했다.

20대에 이스탄불을 정복한 메흐메트 2세는 전통적인 이슬람 지도자들과 달랐다. 그는 유럽의 인문주의자와 예술가를 이스탄불로 모았으며 서양의 문명을 무시하지 않았다. 메흐메트 2세는 코스모폴리탄적인 제국의 군주로 군림했다.

메흐메트 2세는 이스탄불을 정복한 이후 비잔틴 제국에 의해 파괴된 그리스 다신교 유적지들을 복원했고 그동안 이단으로 몰렸던 아르메니아 정교를 이스탄불에서 자유롭게 활동할 수 있도록 했다. 무슬림 또한 대거 이스탄불로 이주하면서 이스탄불 여기저기에 이슬람 사원이 지어졌다.

메흐메트 2세는 자신을 로마 제국의 황제로 생각했기 때문에 로마 정복에 집착했다. 그는 이탈리아반도의 오트란토 지역을 정복한 후 대대적으로 이탈리아반도를 정복하기 위해 준비하던 중 독살당했다. 그는 유언대로 이스탄불을 처음 만든 콘스탄티누스 1세의 무덤이 있는 장소에 묻혔다. 콘스탄티누스 1세가 이스탄불을 로마 제국의 새로운 수도로 정했고, 그는 이 도시를 다시 한번 세계의 중심으로 만들었으니 스스로 콘스탄티누스 1세의 후계자라고 생각한 것이다.

튀르키예의 이순신 장군, 하이렛딘 파샤

한국에 이순신 장군이 있고, 영국에 넬슨 제독이 있다면 튀르키예에는 하이렛딘 파샤*Barbaros Hayreddin Paşa*가 있다. 승전율로 따지면 이순신 장군과 넬슨 제독에게 밀리지만 그가 참여한 전쟁의 규모를 보면 압도적이다.

하이렛딘 파샤가 참전한 전투 중 가장 유명한 전투는 프레베자 해전이다. 1538년에 발발한 프레베자 해전은 교황 바오로 3세*Paulus III*가 군대를 조직하고 그 당시 유럽에서 최고 실력을 갖춘 안드레아 도리아*Andrea Doria* 장군이 지휘한 로마 가톨릭 동맹의 함대가 오스만 제국을 공격한 사건이다.

서구 동맹은 병사 6만 명을 태운 갤리선 162척과 갤리온선, 바르퀘스선 140척 등 총 600척이 넘는 함대를 이끌고 오스만 제국으로 쳐들어왔다. 반면 오스만 제국의 함대는 약 2만 명이 끌고 있는 갤리선 122척과 갤리온선이 전부였다. 그러나 하이렛딘 파샤의 뛰어난 전술 덕분에 이 전쟁은 오스만 제국이 승리했고 지중해는 오스만 제국의 호수가 되었다. 프레베자 해전 이후 유럽은 오스만 제국이 점령한 지중해에 더 이상 희망을 걸지 않았고 이를 계기로 대항해시대의 포문이 열렸다.

하이렛딘 파샤의 본래 이름은 히지르Hizir이다. 그는 형제들과 해적으로 활동하다가 세력을 키워 북아프리카의 알제리를 점령하고 술탄으로 즉위했다. 지중해에서 스페인 해군과 용감하게 싸운 그에게 셀림 1세는 '하이렛딘(하나님의 선물이란 뜻)'이라는 이름을 하사했다. 그 역시 감사의 표시로 알제리를 셀림 1세에게 바치며 오스만 제국으로 귀순했다. 셀림 1세의 아들인 술레이만 1세Süleyman I가 오스만 제국을 다스리던 시절 하이렛딘 파샤는 해군 제독이 되었다.

● 하이렛딘 파샤

지금까지도 튀르키예 사람들은 튀르크족 또는 이슬람의 승리를 위해 한 나라의 술탄이 되려는 욕심을 버린 하이렛딘 파샤를 존경한다.

함께 생각하고 토론하기

튀르키예의 수도는 이스탄불에서 앙카라로 바뀌었습니다. 안보 문제도 있었고 새로운 정권이 출범하면서 공화국을 선포한 정치인들이 새로운 수도의 필요성을 느꼈기 때문입니다.

일부 역사학자는 수도가 앙카라로 넘어간 것을 두고 오스만 제국의 전통이 끊겼다고 주장하기도 합니다. 반면 오늘날에는 이스탄불의 교통 문제로 수도를 앙카라로 옮긴 것을 긍정적으로 보는 여론도 있습니다.

● 역사적으로 볼 때 한국도 역사적으로 수도를 이전한 적이 있습니다. 한 나라의 수도를 이전하게 된 배경에 대해 찾아봅시다.

● ● 최근 한국은 행정 수도를 서울에서 세종으로 옮겼습니다. 수도 이전에 찬성하는 입장과 반대하는 입장으로 나누어 토론해 봅시다.

과거 튀르키예의 정치 제도는 한국과 달랐지만 현재는 한국과 비슷한 대통령제로 바뀌었습니다. 대통령이 국가 기관의 수장을 임명할 권리를 가지고 있으며 국가를 실질적으로 운영합니다. 국회에서 통과된 법은 대통령의 권한 분야를 정할 뿐 국회가 국가 행정에 직접적인 영향력을 행사하지 못하고 있습니다. 그런 이유로 대통령제를 비난하며 의원내각제로 돌아가자는 소리가 높아지고 있습니다.

의원내각제에서는 국회의 과반수 표를 받은 총리가 국회의 승인을 받은 장관들과 함께 행정을 할 수 있습니다. 그러다 보니 대통령제보다 국가 행정에 국회의 영향력이 훨씬 많이 작용하고 있습니다. 또한 집권 정치 세력이 야당의 눈치를 더 많이 보아야 합니다.

● 한국의 정치 상황에서 현재와 같은 대통령제가 더 좋을지, 의원내각제 더 좋을지 이유와 함께 의견을 나눠봅시다.

4부
문화로 보는
튀르키예

예술과 연이 끊긴 것은
민족의 생명 혈관이 끊긴 것이다.

-케말 파샤

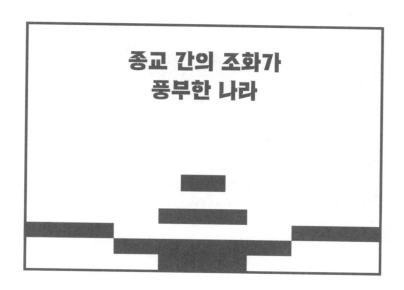

종교 간의 조화가
풍부한 나라

아나톨리아반도에는 유대교, 기독교, 이슬람교는 물론 그리
스 다신교 시절의 신전과 서아시아의 조로아스터교나 야지디
교 등 이름도 생소한 종교의 사원들이 있다. 튀르키예는 인구
의 98퍼센트가 이슬람교를 믿고 있지만 이처럼 오래전부터 많
은 종교의 중심 역할을 하고 있다.

튀르키예에 있는 그리스 신전

그리스의 유명한 역사가 헤로도토스*Herodotus*의 주장에 따르
면 그리스의 시인 안티파트로스*Antipatros*가 지은 시에 '고대의

● 에페소스에 있는 아르테미스 신전과 마우솔로스의 영묘

세계 7대 불가사의'가 언급되어 있다. 그중 에페소스의 아르테미스 신전과 마우솔로스의 영묘가 에게해 지역, 즉 튀르키예의 서부 지역에 있다는 것이다.

고대 그리스 도시 국가들이 지금의 그리스와 튀르키예 서부 지역에 존재했던 터라 튀르키예에는 그리스 다신교 신전 유적지가 많다.

기독교의 중심지인 튀르키예 서부 지역

요한계시록에 나오는 일곱 교회는 역사상 첫 교회라고 알려져 있는데 신기하게도 모두 튀르키예 서부 지역에 있다.

2,000년 전 예수의 십자가형 이후 예루살렘을 떠나 로마 제국으로 간 예수의 제자들과 성모 마리아는 로마 제국 곳곳에서 선교 활동을 펼쳤다.

● 튀르키예 서부 지역에 있는 일곱 교회

그 과정에서 기독교로 개종한 사도 파울로스*Paulus*는 아나톨리아반도에서 열심히 선교 활동을 하면서 일곱 교회가 생길 수 있는 터전을 마련했다. 성지 순례의 대상이 되는 일곱 교회 덕분에 지금도 많은 개신교 신자가 튀르키예를 방문하고 있다.

천주교도에게도 성스러운 나라

개신교 신자뿐 아니라 천주교 신자 역시 튀르키예를 성스러운 나라로 생각하고 있다. 예수의 십자가형 이후 에페소스로 온 성모 마리아가 이곳에서 수도원 생활을 하다가 별세했기 때문이다. 그 후로 바티칸 교황이 튀르키예를 방문할 때마다 큰 미사를 올리곤 한다.

정교회 세계 총대주교가 거주하는 이스탄불

정교회 신자들에게 튀르키예는 말 그대로 중심지이다. 정교회의 세계 총대주교가 이스탄불에 거주하고 있기 때문이다.

로마 제국이 동서로 분단되었을 때 서로마는 바티칸을 중심으로 천주교를 따랐고, 동로마는 이스탄불을 중심으로 정교회를 따랐다.[*] 천주교 신자의 종교적 지도자는 로마 바티칸에 있는 교황이고, 그리스부터 러시아까지 정교회를 믿는 사람들의 종교적 지도자는 이스탄불에 있는 세계 총대주교이다.

튀르키예의 기독교 종파들

튀르키예에는 30~50만 명 정도의 기독교 신자가 있는 것으로 추정된다. 그중 10만 명 정도는 민족 교회이자 지금까지 살아남은 동방 교회 중 하나인 아르메니아 교회를 다닌다. 정교회를 믿는 사람이 약 5만 명, 천주교 신자가 약 3만 명 정도이며, 역사가 길지 않은 개신교 신자는 약 1만 명 정도이다.

---

[*] 이스탄불에 있는 정교회 본부는 아르메니아 정교회를 제외한 모든 정교회의 최고의 성지이다.

● 성모마리아 수도원

● 아르메니아 정교회

● 카라타쉬 유대교 성당

튀르키예에서 종교 이야기를 할 때 유대교를 뺄 수 없다. 최근 팔레스타인 문제로 유대교와 이슬람의 대결이 언론에 자주 거론되고 있지만 튀르키예는 이슬람 나라 중 유대교에 호의적인 나라로 꼽힌다. 왜냐하면 튀르키예 사람들과 유대인들은 특별한 인연이 있기 때문이다.

15세기 말 오스만 제국은 학살을 피해 이주한 유대인들을 난민으로 받아들였다. 스페인에 유대인들을 학살하지 말라고 경고하고 스페인계 유대인들을 이스탄불, 이즈미르, 테살로니키로 이주시켰다. 유럽에서 온 유대인들은 오스만 제국의 기술과 경제 발전에 여러 가지 기여를 했다. 이즈미르나 이스탄불에 있는 유대교 회당인 시나고그는 유대인들이 세운 것이다.

이스라엘이 중동에 건국되면서 이주한 유대인도 있지만 튀르키예를 자신의 조국으로 여겨 이스라엘로 돌아가지 않은 유대인도 있다. 그렇게 튀르키예에 정착한 유대인의 후손이 현재 튀르키예에 3만 명 정도 있으며 유명 작가, 가수로도 활약하고 있다. 튀르키예의 재벌 중에도 유대인이 있다.

튀르키예의 이슬람 문화

오스만 제국으로 넘어간 칼리프 제도

이슬람의 수도라고 하면 보통 메카라고 생각하는데 이스탄불도 이슬람의 수도라고 말할 수 있다. 7세기 무함마드에 의해 아라비아반도에서 탄생한 이슬람은 무함마드가 죽은 후에는 선거를 통해 '칼리프'●를 뽑아 이슬람 공동체를 이끌었다. 그러나 칼리프 제도는 어느 순간부터 세습제로 변했고, 아라비아반도에 있는 아랍 국가의 술탄들은 이 명칭을 획득하기 위해 노력했다.

● 아랍어로 '후계자'라는 뜻의 지도자

15세기까지만 해도 칼리프 제도는 아라비아반도의 맘루크 왕조에 있었지만 오스만 제국이 맘루크 왕조를 정복한 후 이를 가져왔다. 그뿐 아니라 오스만 제국은 메카와 예루살렘에 있던 요셉 사도, 모세 사도, 무함마드 사도의 생필품도 이스탄불로 가지고 왔다.

이슬람 지도자가 된 이스탄불

칼리프 제도와 이슬람의 성스러운 물건을 획득한 오스만 제국은 이스탄불에 거대한 이슬람 사원들을 짓고 이슬람의 지도자 역할을 자청했다. 그 결과 아나톨리아반도에 이슬람이 더

● 세계 5대 성지 순례지 중 하나인 디야르바크르 울루 모스크

많이 퍼져 오늘날 튀르키예 인구의 98퍼센트가 무슬림이 되었다.

지금도 많은 무슬림 관광객이 성지 순례 삼아 이스탄불을 매일 방문하고 있다. 이슬람의 3대 성지 순례지는 메카, 메디나, 예루살렘인데 여기에 두 개를 더 추가한다면 시리아의 다마스쿠스와 튀르키예의 디야르바크르이다. 그 이유는 3대 성지 순례지 다음으로 가장 오래된 사원이 시리아 다마스쿠스에 있는 우마이야 모스크와 튀르키예 디야르바크르에 있는 울루 모스크이기 때문이다.

법으로 금지된 일부다처제

이슬람의 지도자 역할을 한 이스탄불이지만 현대로 넘어오면서 튀르키예의 이슬람 문화는 다른 양상을 띠고 있다. 이슬람 문화는 일부다처제를 허용된다. 그래서 사람들은 튀르키예에도 일부다처제가 있다고 생각한다. 하지만 튀르키예에서는 일부다처제를 법으로 금지하고 있다.

사람들이 일부다처제에 대해 오해하고 있는 부분이 있다. 이슬람의 일부다처제는 남자들에게 '많은 여자와 결혼하라'는 의미가 아니라 기존에 있던 일부다처제 전통을 통제하기 위한 제도이다. 전쟁 때문에 남편을 잃은 부인들이 많았던 시절 권력이나 경제력이 있는 남자들은 마음껏 결혼할 수 있었다. 이러한 제한 없는 일부다처제 전통을 이슬람에서 네 명으로 줄인 것이다.

최근에는 옛날만큼 전쟁이 일어나지 않기 때문에 많은 신학자가 일부다처제에 의문을 제기하고 있다. 또한 일부 이슬람 나라를 제외하고는 대부분의 국가가 사회적 비난의 여지가 많은 일부다처제를 지양하고 있다.

튀르키예 여자들은 히잡을 쓰나요?

일부다처제 외에 튀르키예 여자들은 히잡을 쓰는지 궁금해하는 사람도 많다. 이슬람 의복에 관한 질문은 사실 튀르키예에 한정된 질문이 아니다. 이슬람을 믿는 나라 중 튀르키예처럼 민주주의, 인권, 삼권분립 등 현대적인 행정 가치관을 받아들인 나라도 있고, 이란이나 사우디아라비아처럼 종교와 정치를 일치시킨 나라도 있다.

정교가 일치된 나라에서는 헌법이 이슬람 윤리법에 따라 작성된 것이어서 여자들은 반드시 히잡을 써야 한다. 그러나 튀르키예와 같이 국민 대다수가 무슬림이지만 종교의 교리가 헌법에 영향을 끼치지 않는 나라에서는 히잡을 법으로 강제하고 있지 않다. 즉 튀르키예 여자들은 히잡을 강제로 쓰지는 않는

● 튀르키예 여성

다. 히잡뿐 아니라 금식과 같은 종교적 행위 또한 국가가 개입하지 않는다.

우리 집안에서도 어머니는 히잡을 쓰지만 이모는 쓰지 않고 있다. 내 여동생은 하루에 다섯 번씩 기도하고 라마단 기간에는 금식을 하지만 히잡은 쓰지 않는다. 다시 말해 히잡이든 기부든 금식이든 종교적인 행위에 관한 모든 선택은 헌법이 아니라 개인의 신념과 의사에 달려 있다.

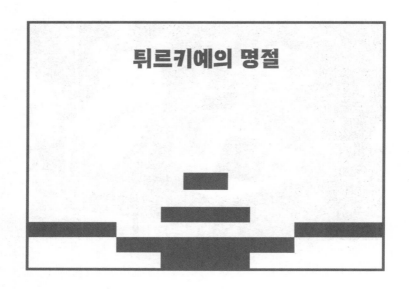

튀르키예의 명절

튀르키예는 한국처럼 토요일과 일요일이 공휴일이다. 학교와 관공서 그리고 몇몇 은행을 제외한 대부분의 은행이 문을 닫는다. 하지만 일반 회사들은 아직 토요일에도 일을 한다. 튀르키예에도 한국의 설과 추석에 버금가는 큰 명절이 있다. 쿠르반과 라마단이다.

쿠르반 명절

쿠르반 명절은 '히즈라력'이라는 이슬람식 음력으로 계산되어 매년 11일 정도 앞당겨진다. 튀르키예 공화국이 선포되면서

부터 1년을 365일로 정한 그레고리력을 사용하고 있지만 한국에서 고유의 명절을 음력으로 지내는 것처럼 튀르키예에서도 종교적 명절은 이슬람식 음력으로 정하고 있다. 그래서 쿠르반 명절은 이슬람 음력의 마지막 달인 두 알하지의 10일부터이다.

이슬람의 경전인 코란에 따르면 아브라함은 아들을 낳으면 하나님께 가장 귀중한 것을 제물로 바치기로 약속했다. 아브라함이 아들을 낳은 후 무엇을 제물로 바칠지 고민했는데 하나님이 "당신에게 가장 귀중한 것은 아들이 아니냐."라고 했다. 이에 아브라함은 둘째 부인이 낳은 이스마엘을 제물로 바치려 했고, 그의 충성심을 재확인한 하나님은 천사들과 함께 양 한 마리를 아브라함에게 보냈다. 그는 이 양을 하나님께 바쳤다.

쿠르반 명절은 바로 이 이야기에서 유래되었다. 쿠르반 명절이 되면 가장 먼저 생각나는 것이 소고기 혹은 양고기이다. 명절 기간인 4일 중 첫날에는 가족이 모여 양이나 소 한 마리를 희생해 함께 밥을 먹고 남은 고기는 가난한 사람들에게 나눠준다. 가난한 사람들에게 쿠르반 명절은 1년에 한 번 맛있는 음식을 먹을 수 있는 날이다.

예전에는 쿠르반 명절 기간에 자기네 양이나 소를 남에게 맡기고 휴가를 떠나는 사람들이 있었다. 그러나 최근 들어 쿠르반 명절 문화가 바뀌고 있다. 종교적인 의미가 있는 명절에 놀기만 하는 것에 회의를 느낀 중산층이 이 기간에 휴양지 대신 아프리카나 동남아시아 등지에서 명절을 보내는 것이다. 그리고 쿠르반 풍습대로 양이나 소 몇 마리를 희생해 가난한 현지인들에게 나눠준다. 일종의 봉사이자 휴가를 합친 활동이다. 이를 계기로 아프리카나 개발도상국에서 튀르키예의 이미지가 상당히 좋아지고 있다.

튀르키예의 가장 큰 명절, 라마단

외국 사람들은 쿠르반 명절이 튀르키예에서 가장 큰 명절이라고 생각한다. 하지만 쿠르반보다 더 큰 명절이 있다. 바로 라마단이다. 라마단은 쿠르반보다 하루 짧은 3일이 명절 연휴이지만 라마단 기간은 한 달 동안 계속된다.

라마단은 이슬람 음력의 아홉 번째 달인 라마단에서 유래했다. 코란에 라마단 기간 동안 금식하라고 언급되어 있기 때문에 무슬림들은 약 한 달 동안 금식을 한다. 라마단 기간에 금식한 사람은 음식에 대한 예의와 하나님에게 감사한 마음, 가난한 사람들을 돕고 싶은 마음이 생긴다.

모든 이슬람 사회에는 라마단이 있다. 임산부, 노약자, 어린아이 등 금식을 하지 않아도 되는 사람도 있지만 대다수는 금식한다. 이때 금식은 아무것도 먹지 않는다는 의미가 아니다. 해가 뜰 때부터 해가 질 때까지 약 12시간 동안 금식을 하는 것이다. 해가 떠 있는 동안에는 물을 포함한 그 어떤 것도 먹으면

● 해가 지기를 기다리는 사람들. 해가 지는 동시에 금식을 마무리하고 식사를 한다.

안 된다. 종일 배가 고팠던 사람들은 해가 떨어지면 이웃과 친구들 그리고 친척들을 집으로 초대한다. 대도시 광장에서는 시청이나 자선 단체들이 무료로 저녁을 제공해 주기도 한다. 이처럼 라마단 기간에는 돈 없는 사람들이나 돈 있는 사람들이나 같이 굶고 저녁 식사도 똑같은 시간에 한다. 즉 라마단 기간은 지위를 막론하고 모든 사람이 공평해지는 시간이다.

한 달 동안의 라마단이 끝나면 이슬람 음력의 10번째 달인 쉐왈의 1일부터 3일까지 라마단 명절이 시작된다. 이 명절은 한국의 추석처럼 고향에 가서 가족들과 함께 보낸다. 라마단 동안 가난한 사람들의 사정을 이해하게 된 튀르키예 사람들은 1년에 한 번 재산의 2.5퍼센트를 가난한 사람들에게 기

부한다. 이 기부 문화는 이슬람의 규칙인데 라마단 명절에만
할 수 있다.

튀르키예의 공휴일

- **1월 1일**(양력설)
- **4월 23일**(어린이날): 국민의 주권 및 아동 명절. 국회가 열린 첫날을 기념하는 날
- **5월 1일**(노동절): 노동과 협력의 날
- **5월 19일**(청소년의 날): 젊은이와 스포츠의 명절. 케말 파샤가 해방 전쟁의 사전 준비를 처음 한 날을 기념하는 날
- **8월 30일**(승리절): 케말 파샤가 일으킨 해방전쟁의 마지막 날을 기념하는 날
- **9월 23일**(공화절): 케말 파샤가 튀르키예 공화국을 선포한 날을 기념하는 날

튀르키예의 음식 문화

튀르키예에서는 '음식'과 '문화'라는 두 단어만으로도 며칠 동안 이야기할 수 있다. 튀르키예 요리는 프랑스, 중국과 함께 세계 3대 요리에 속하며 한국처럼 명절에 따라 먹는 음식이 따로 있을 정도로 역사가 깊어 음식에 얽힌 이야기도 많다.

도네르 케밥

'케밥*kebab*'이라고 알려진 도네르 케밥은 튀르키예의 대표적인 음식이다. 여기서 케밥이란 요리법을 말하는데 숯에서 굽는 것을 의미한다. 도네르*Döner*는 '돌다*dönmek*'에서 유래한 것으로

● 세계 3대 요리로 손꼽히는 튀르키예 음식

도네르 케밥은 '도는 구이' 정도로 해석할 수 있다.

도네르 케밥은 한국의 김밥처럼 튀르키예 곳곳에서 쉽게 찾아볼 수 있다. 김밥과의 차이점이라면 김밥은 집에서 만들기도 하지만 도네르 케밥은 오직 식당에서만 먹을 수 있다. 왜냐하면 이 음식을 만들려면 커다란 기계가 있어야 하고 고기를 아주 얇고 넓게 잘라야 하는데 집에서는 불가능하기 때문이다.

치이 쾨프테

미트볼이라고 하면 대부분 스웨덴의 대표 음식이라고 생각

● 도네르 케밥

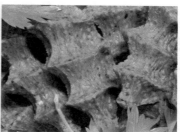
● 치이 교프테

하는데 얼마 전 스웨덴에서 미트볼은 스웨덴 고유의 음식이 아
니라고 인정했다. 그렇다면 미트볼은 어느 나라에서 유래한 것
일까? 미트볼을 의미하는 교프테*köfte*는 튀르키예 전통 음식이
다. '생(生)' 혹은 '미숙하다'라는 의미의 '치이'가 합쳐진 '치이
쾨프테*çiğ köfte*'는 생고기로 된 미트볼을 의미한다.

　만드는 방법은 생고기에 한국의 고춧가루처럼 아주 매운
소스와 모래알 크기의 곡류인 불구르를 넣고 치댄 다음 고기
를 익힌다. 완성된 치이 교프테는 채소와 함께 먹거나 빵에 싸
서 먹는다.

카르느 야륵

　튀르키예에서 주부들이 많이 만드는 음식 중 하나가 '카르

● 카르느 야륵

● 라크

느 야륵*Karnıyarık*'이다. 카르느는 '배', 야륵은 '잘린'이라는 뜻
으로 카르느 야륵은 '배가 잘린'이라는 의미가 있다. 구운 가
지를 반으로 갈라 소스에 볶은 다짐 고기를 넣은 후 다시 오븐
에 구워 완성한다.

튀르키예의 전통 술, 라크

이란이나 사우디아라비아처럼 국민 다수가 무슬림인 나라
에서는 전통 술이라는 개념이 없다. 그러나 국민 대부분이 이
슬람 신자이지만 이슬람 국가가 아닌 튀르키예에는 '라크*Rakı*'
라는 전통 술이 있다.

라크는 아니스 향이 나는 증류주로 설탕이 들어가지 않아
단맛은 나지 않는다. 튀르키예 사람들은 라크를 마실 때 주로

해산물 요리를 곁들인다. 라크는 오스만 제국이 다스렸던 지역에서 인기가 많다. 튀르키예뿐 아니라 그리스, 이란, 발칸반도에서 자주 애용된다.

튀르키예식 차, 차이

튀르키예 사람 중에는 술을 마셔본 적이 없는 사람도 있고, 일주일에 몇 번 혹은 저녁 식사를 하면서 술을 곁들이는 사람도 있다. 그러면 술을 마시지 않는 사람들은 주로 무엇을 마시고 즐길까?

● 튀르키예식 차, 차이

바로 '차이'라고 부르는 튀르키예식 차를 마신다. 차이는 튀르키예식 다기를 이용해 홍차를 우려내는 방식으로 만든다. 티백을 뜨거운 물에 우려내 마시는 차를 튀르키예 사람들은 차로 취급하지 않는다.

차이를 마시기 위한 찻잔도 따로 있는데 이 찻잔이 아닌 잔으로 차이를 마시면 예의 없는 행동으로 여긴다. 이처럼 차이를 만들고 마시는 방법이 까다롭지만 튀르키예 사람들은 매일 최소 다섯 잔 정도의 차이를 마신다.

튀르키예의 차 생산량은 세계 5위 정도이다. 하지만 튀르키예에서 생산된 차는 스리랑카(4위)나 케냐(3위)처럼 수출을 목적으로 하는 것이 아니고 중국(1위)과 인도(2위)처럼 자국에서 소비하기 위해 생산된다.

손님에게 반드시 차이를 대접하는 문화

튀르키예에는 동네마다 오래된 찻집이 있고 은퇴한 아저씨들이 그곳에서 차이를 마시며 튀르키예 전통 바둑 게임을 하는 모습을 흔히 볼 수 있다. 동네마다 있는 찻집의 또 다른 역할은 주변 상점에 차이를 제공하는 것이다. 튀르키예에서는 어느 가게에 가더라도 차이를 마실 수 있다. 손님에게 대접하는 차이는 주인이 직접 만드는 것이 아니고 가게 근처의 찻집에서 공수한 것이다.

튀르키예에서 새로운 백화점을 지을 때 찻집의 위치를 중요하게 고려해서 설계하는 이유도 백화점에 들어올 매장 주인들이 손님에게 반드시 차이를 대접해야 하기 때문이다.

튀르키예에서 시작된 커피 문화

아프리카에서 오스만 제국으로 전파된 커피

튀르키예 사람들은 차를 좋아하는 것만큼 커피도 좋아한다. 커피를 마시기 위해 카페에 가는 문화도 튀르키예에서 시작되었다.

커피가 처음 발견된 곳은 에티오피아이다. 그 당시 에티오피아는 커피를 끓여 마시지 않고 원두 자체를 먹었다. 원두로 먹던 커피를 처음으로 끓여 마신 지역은 예멘이다. 그러나 이곳에서도 커피는 일반인이 아닌 종교인들이 밤새워 예배나 기도할 때 마시는 정도였다.

16세기 초 오스만 제국이 예멘을 점령하면서 커피가 이스

● 오스만 제국 때의 커피집

탄불로 넘어왔다. 예멘에서 종교인들만 마시던 커피가 이스탄
불 시민들 사이에 급속도로 확산하면서 커피를 마시는 가게인
'커피집'이 탄생했다. 그 후 이스탄불을 비롯해 오스만 제국의
대도시로 확산한 커피 문화는 17세기 초 유럽으로 전해졌다.
오스트리아 비엔나를 정복하러 간 오스만 제국의 군대는 무기
와 함께 커피도 챙겨 간 것이다. 비엔나를 정복하기까지 17년
정도 걸렸는데 그동안 오스만 군인들이 마셨던 커피 문화가 오
스트리아에 자리 잡았다. 오늘날 비엔나커피를 튀르키예 전통
잔에 마시는 이유가 바로 그 때문이다.

실세가 될 수도 있는 왕실 커피꾼

오스만 제국의 궁전에는 '커피꾼'이라는 직책이 있었다. 요즘으로 치면 공무원이다. 커피꾼은 교육을 철저히 받은 사람만이 될 수 있었다. 황제가 고위급 관료들과 중요한 회의를 할 때 커피꾼은 반드시 커피를 준비하고 회의 도중 잔이 비면 틈틈이 커피를 따랐다. 회의하는 내내 회의장 안에 있는 커피꾼은 중대한 이야기가 외부로 누설되지 않게 조심해야 했다. 이처럼 황제의 최측근으로 일하는 커피꾼 중에는 실세가 된 사람도 있다.

● 왕실의 실세, 커피꾼

결혼을 결정짓는 조건

커피는 남녀 간의 결혼을 결정짓는 데도 중요한 역할을 했다. 예전에는 커피를 만드는 기술로 신부감을 골랐기 때문이다.

한 남자가 첫눈에 반한 여자와 결혼하고 싶어 부모님을 모시고 그 여자의 집을 방문했다.

"우리는 당신 딸이 끓여준 커피를 마시고 복이 있는 대화를 나누러 왔습니다."

이 말을 들은 여자의 부모는 그들의 방문 목적을 눈치챘다. 청혼하러 온 남자가 마음에 들지 않더라도 여자는 청혼을 거절하기 힘들다. 결혼 상대자에 대한 선택권이 여자에게 없기 때문이다.

이때 여자를 구원해 줄 수 있는 것이 바로 '커피'다. 커피를 대접해야 하는 여자가 일부러 커피를 맛없게 끓이면 남자는 커피 만드는 기술이 형편없는 여자에게 마음이 식어버린다.

커피를 마실 때 지켜야 할 예의

튀르키예에는 커피를 마시는 예절이 있다. 커피를 대접할 때는 반드시 물도 함께 주는데 이때 커피를 바로 마시면 예의 없다고 생각한다. 조금이라도 물을 먼저 마신 후 커피를 마셔야 된다. 물을 먼저 마시는 이유는 "봐봐! 나 지금 입을 헹구는 거야. 네가 만들어준 커피의 맛을 제대로 느끼려고…."라는 메시지를 상대방에게 전달하는 것이다.

반대로 커피가 진짜 맛이 없다면 커피를 다 마신 후 다시 물을 마신다. 이는 "네가 타준 커피, 맛이 없어! 내 입에 이 맛이 안 남았으면 좋겠어!"라는 의미이다. 그러므로 튀르키예에서 커피를 대접받으면 꼭 물 한 모금을 먼저 마시길 바란다.

커피 가루로 보는 점

튀르키예에서는 커피 가루로 점을 보기도 한다. 튀르키예 커피를 마시다 보면 마지막에 항상 커피 가루가 남는다. 다 마신 커피잔을 잔 받침에 뒤집어 놓으면 컵 바닥에 깔린 커피 가루가 천천히 내려

● 커피 가루가 흘러내린 커피잔

가면서 커피잔에 모양을 만든다. 점쟁이들은 그 모양을 보고 점을 친다.

사촌과는 할 수 있어도
모유 동생과는 못하는 결혼 제도

한국에서 사촌끼리 결혼한다는 것은 상상도 할 수 없는 일이다. 그러나 튀르키예에서는 사촌끼리 결혼을 할 수 있다. 예전에는 사촌끼리의 결혼을 선호하기도 했다. 사촌끼리 결혼하면 가문의 재산이 분리되지 않기 때문이다.

사촌끼리 결혼하는 것은 문화적, 법적으로 허용되지만 절대 결혼이 허용되지 않은 관계도 있다. 바로 같은 모유를 먹고 자란 남녀의 결혼이다. 튀르키예를 비롯한 이슬람 사회에서 모유는 '피' 같은 것이다. 같은 모유를 먹은 사람들은 서로를 형제자매로 여긴다.

모르는 사람도 밥 먹고 가는 결혼식

튀르키예의 결혼식은 한국과는 다르다. 예전에 북한 사람들의 결혼식 이야기를 들은 적이 있는데 튀르키예 결혼식은 남한보다 북한과 더 비슷하다.

튀르키예의 결혼식은 모르는 사람이 와도 밥을 먹고 가는 동네 축제 같은 분위기이다. 한국에서는 결혼식장 입구에서 축의금을 주고 밥을 먹는 구조인데 튀르키예의 결혼식장에서는 이를 확인하지 않는다. 안면이 없는 사람이 결혼식에 와도 거리낌 없이 음식을 대접하기 때문에 음식의 양을 손님 수보다 20~25퍼센트 더 많이 준비한다.

축의금 문화

튀르키예도 한국처럼 결혼식에 오는 손님들은 축의금을 준비한다. 그러나 축의금을 전달하는 방식이 다르다. 한국처럼 봉투에 축의금을 넣어주는 것이 아니라 공개적으로 축의금 액수를 밝힌다. 금이나 100달러, 200유로 등 고액의 외화는 바로 신부와 신랑 옷에 매단다. 그리고 결혼식에 들어온 모든 축의금은 부모가 아닌 결혼 당사자의 몫이다.

● 튀르키예의 결혼식

● 고액의 축의금을 옷에 매단 신랑 신부

포경 수술로 맺어진 부자 관계

튀르키예에는 모유만큼 강하고 까다롭지는 않지만 또 다른 친척 관계를 맺는 문화가 있다. 바로 포경 수술로 맺어진 '부자(夫子) 관계'이다. 유대교나 이슬람교 남성 신자들은 종교적으로 포경 수술을 반드시 해야 한다. 포경 수술을 축제로 생각하고 의식도 치른다.

이때 포경 수술을 받는 남자아이를 잡아주는 사람은 그 아이의 '키르베Kirve'가 된다. 천주교의 세례 아버지와 비슷한 키르베는 아이가 결혼할 때까지 친아버지 다음으로 영향력이 있는 존재이다. 그래서 아이가 결혼하면 친아버지만큼 고액의 축의금을 내야 한다.

● 포경 의식

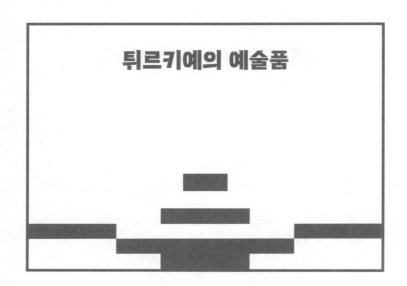

튀르키예의 예술품

튀르키예의 캘리그래피, 하트

튀르키예 예술이라고 하면 가장 먼저 떠오르는 것이 '하트 *Hat*'이다. 하트는 아랍 글자로 된 서예를 말한다.

하트는 종교적인 목적으로 발달했다. 불교 사찰이나 성당 혹은 교회에 가면 초상화가 많지만 우상 숭배를 금기하는 이슬람 사원에는 하트 예술이 주를 이룬다. 이처럼 튀르키예의 하트는 한국의 서예처럼 서류나 간판에 활용되기보다 건축 인테리어로 활용되다 보니 그 어느 나라 서예보다 훨씬 발전하게 되었다.

철선과 못의 사랑, 필로그래피

튀르키예의 또 다른 예술로 '필로그래피*Filografi*'가 있다. 필로그래피는 목재판에 여러 개의 못을 박고 철선을 못에 연결하여 모양을 만드는 예술로 '철선과 못의 사랑'이라고도 한다.

● 튀르키예의 서예, 하트

● 필로그래피

튀르키예 사람들의 도자기 사랑

전 세계에서 중세 중국 도자기 골동품을 가장 많이 보유한 곳은 중국이 아닌 이스탄불에 있는 오스만 제국 궁전이다. 튀르키예 사람들은 오래전부터 도자기에 관심이 많았고 튀르키예식 무늬로 도자기를 만들었다. 이 또한 종교의 영향인데 초상화 같은 인물화가 허용되지 않는 이슬람 사원에 하트와 함께 도자기를 장식으로 활용했다. 덕분에 튀르키예에서 도자기 제작은 인기 있는 예술 분야가 되었다.

● 화려한 문양의 도자기

튀르키예 예술 중 하나인 '에브루*Ebru*'는 해외에서 인기가 많다. '마블링'이라는 그림 기법의 일종으로 튀르키예만의 기법이나 문양을 튀르키예식 마블링, 즉 에브루라고 이름 지은 것이다.

에브루는 물 위에 색료를 뿌린 다음 바늘로 그림을 그리는 방식이다. 색료가 뿌려진 물 위에 그림을 그린 후 조심스럽게 종이를 놓으면 물 위의 그림이 종이에 찍힌다. 물 위에 그림을 그릴 때는 아주 천천히 그려야 한다. 물이 약간이라도 움직이면 그림 전체를 망치게 된다.

● 보는 사람이 더 긴장하는 에브루 작업 모습

유목 생활의 유산, 양탄자

튀르키예 예술의 정수는 바로 '양탄자'이다. 튀르키예 사람들이 유목민 시절에 사용했던 양탄자를 '킬림^{Kilim}'이라고 한다. 유목 생활을 하는 동안 게르라는 텐트를 치고 그곳에서 숙박했는데 이때 잠자리를 위해 킬림을 만들어 사용했다.

유목 생활을 끝내고 정착해 살던 튀르키예 사람들은 이란에서 전수받은 기술로 양탄자를 만들었고 양탄자에 수 놓인 무늬는 튀르키예의 예술이 되었다. 튀르키예에서 만드는 양탄자 무늬는 두 가지 스타일이 있다. 하나는 기하학적인 문양이고, 다른 하나는 자연에 있는 동식물을 활용한 문양이다.

● 기하학적 문양의 킬림

● 동식물 문양이 수놓아진 킬림

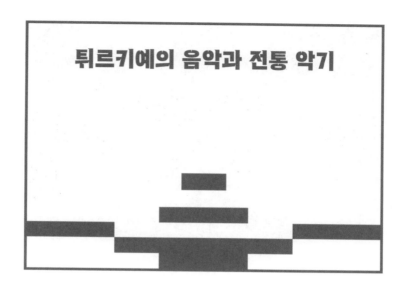

튀르키예의 음악과 전통 악기

사람의 마음을 편하게 해주는 신비주의 음악

이슬람 학파 중 하나인 수피파에서는 명상할 때 세마*Sema*라는 춤을 춘다. 댄서가 한자리에서 뱅글뱅글 도는 춤인데, 이때 네이*Ney*라는 악기로 연주하는 곡을 신비주의 음악이라고 부른다. 한국의 소금과 비슷한 관악기인 네이로 연주되는 이 음악을 들으면 마음이 편안해진다.

네이는 생각보다 소리를 내기가 어렵다. 그러다 보니 네이를 배우다가 포기하는 사람이 많다. 최근에는 네이를 활용해 현대적인 곡을 만든 메르잔 데데*Mercan Dede*라는 음악가가 국제적으로 명성을 타고 있다.

● 세마를 추며 명상중인 수피파 사람들

● 네이를 연주하고 있는 메르잔 데데

튀르키예의 클래식, 궁중음악

튀르키예에는 오래전부터 고위급 관료들만 소비할 수 있는 '궁중음악'이 있었다. 유럽의 클래식 음악과 비슷한 궁중음악의 기원은 오스만 제국 초기 시절까지 거슬러 올라간다.

● 데프

중동, 페르시아, 발칸반도의 중간에 위치한 오스만 제국은 중앙아시아의 음악을 이 세 나라의 음악과 섞어 새로운 음악으로 번창시켜 궁중에서 즐겼다.

튀르키예의 궁중음악은 세 지역의 고급 악기로 연주되었다. 대표적인 악기로는 중동의 우드와 카눈, 발칸반도의 최고급 악기인 탐부리가 있다. 대중이 쉽게 접근할 수 있는 악기로는 '데프*Def*'라는 탬버린과 비슷한 타악기가 있다. 낙타 혹은 소 가죽으로 만들어진 데프는 소리 나는 장치가 주위에 달려 있다. 데프가 궁중음악 악기에 속하게 된 것은 북 종류 중에서도 다양한 음을 낼 수 있기 때문이다.

튀르키예 궁중음악은 서양의 오케스트라처럼 수많은 악기의 조화를 고려해서 작곡해야 한다. 그래서 정식 음악 교육을 받지 않은 사람은 이 장르를 소화할 수 없다. 튀르키예 궁중음

악의 가장 대표적인 사람은 으트리*ltri*라는 작곡가이다. 으트리
의 곡들은 최근까지 소비되고 있으며 오늘날의 음악가들은 그
의 곡들을 현대화시키고 리메이크를 많이 하고 있다.

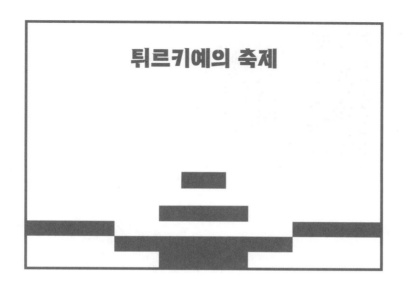

튀르키예의 축제

봄이 오고 꽃이 피는 3~4월은 축제의 계절이다. 각 지역의 특색에 따라 개최되는 축제도 있지만 전국적으로 개최되는 축제도 있다.

한국보다 큰 영토를 가지고 있는 튀르키예에는 전국 축제보다 그 지역 고유의 축제가 더 많이 열린다.

메시르 마주누 축제

메시르 마주누는 허브 기능이 있는 41개의 향신료를 섞어서 만든 사탕 페이스트를 의미한다. 오스만 제국에서는 아버

● 메시르 마주누

지가 왕위에 있을 때 왕자들은 지방에 도지사가 되어 그곳을 통치하는 관습이 있었다. 이때 왕자의 어머니들은 아들을 따라 지방에 머무르기도 했다.

오스만 제국 셀림 1세의 부인인 아이쉐 하프사 술탄 _Ayşe Hafsa Sultan_ 또한 자기 아들이자 차기 술탄인 술레이만 1세와 함께 마니사에 머물렀는데 그만 병에 걸리고 말았다. 그 어떤 의사도 그녀의 병을 치료하지 못했다. 그러던 중 마니사의 유명한 의사 메르케즈 에펜디 _Merkez Efendi_ 가 메시르 마주누를 개발해 황후에게 복용시켰더니 병이 깨끗이 나았다. 이때부터 메시르 마주누가 대중에게 널리 퍼져 만능약으로 인식되었다.

메시르 마주누는 만능약보다 특이한 기능이 발견되면서 더 유명해졌다. 바로 최음제의 춘약 기능이다. 메시르 마주누가 춘약으로 최고라는 소문이 돌자 모든 튀르키예 국민이 이것을 복용하고 싶어 했다. 그러나 메시르 마누주의 재료인 41개 향신료를 찾기란 쉬운 일이 아니어서 모든 사람이 복용하기는 쉽지 않았다.

이러한 배경으로 마니사 시청에서는 매년 메르케즈 에펜디가 황후를 치료했던 날을 기념하고자 메시르 마주누 축제를 연

● 메시르 마주누 축제(출처: ONEDIO)

다. 이 축제에서는 메르케즈 에펜디가 황후를 치료하는 것을 재현하기도 하고, 옛날 스타일로 큰 냄비에 메시르 마주누를 만들어 시민에게 무료로 나눠주기도 한다. 그것을 받으려는 사람들로 마니사 광장은 아수라장이 된다.

디야르바크르 수박 축제

한국에서도 지역마다 지역 특산품으로 축제를 개최하듯 튀르키예에도 지역 특산품 축제가 있다. 그중 외국인들이 신기해하는 축제는 디야르바크르에서 열리는 수박 축제이다.

● 디야르바크르 수박 축제에는 아이가 들어갈 수 있는 크기의 수박이 출품되기도 한다.
(출처: lider 일간지)

수박 축제는 단순히 지역 특산품을 소개하는 축제가 아니다. 가장 큰 수박을 수확한 농부에게 상금을 주는 대회이기도 하다. 이 대회에 출품되는 수박의 크기는 상상 이상이다. 아기가 들어갈 수 있는 크기의 수박도 있다. 보통 20~30킬로그램 되는 수박이 출품되고, 주로 50킬로그램 이상 되는 수박을 수확한 농부가 대회의 승자가 된다. 튀르키예 사람들은 매년 이 괴물 같은 수박들을 보러 디야르바크르에 간다.

1453년 5월 29일은 오스만 제국이 이스탄불을 정복해 비잔틴 제국, 즉 로마 제국을 없애버리고 새로운 시대를 연 날이지만 튀르키예 정부는 이날을 국경일로 지정하지 않았다. 그래서 공식적인 행사도 열지 않는다.

그러나 이스탄불 시민들은 역사적으로 자랑스러운 이날을 기념하기 위해 매년 5월 29일 이스탄불 시청과 구청들 그리고 일부 시민 단체들은 힘을 합쳐 이스탄불 정복 축하 축제를 열고 있다.

낮에는 이스탄불 곳곳에서 시민 단체들이 시민들에게 무료

● 시민들이 자발적으로 준비하는 이스탄불 정복 축하 축제

로 축하 디저트를 나눠주고, 예배 시간이 되면 이스탄불을 정복한 메흐메트 2세와 군인들을 위한 기도회가 열린다. 저녁에는 메흐메트 2세의 이스탄불 정복 장면을 재현한다. 사람들은 72척의 배를 땅으로 끌어당기고 대포들을 현재 이스탄불 성벽 유적지 쪽으로 이동시킨다. 이스탄불 정복 축하 축제는 나라 사랑이 충만해지는 민족주의적 성격을 띠고 있다.

오일 레슬링 축제

튀르키예에서 열리는 스포츠 축제 중 가장 대표적이고 오래

● 흥미진진한 오일 레슬링 축제

된 축제는 오일 레슬링 축제이다. 매년 에디르네의 크르크프
나르군에서 열리는 이 축제에서 선수들은 온몸에 오일을 바르
고 레슬링 시합을 한다.

다른 도시에서도 오일 레슬링 축제가 열린다. 각 지역에서
열린 오일 레슬링 우승자는 매년 6월 크르크프나르에서 열리
는 오일 레슬링 축제로 모인다. 즉 크르크프나르 오일 레슬링
축제는 오일 레슬링의 결승전이다.

오일 레슬링은 어려운 운동 종목이다. 온몸에 오일을 바르다
보니 상대의 몸 어디를 잡아도 엄청 미끄럽다. 그러다 보니 이
레슬링 대회를 관람하는 관객들은 그 어느 무술 대회보다 더 큰
재미를 느낀다.

튀르키예의 문학가들

시의 대가 퓌줄리

퓌줄리*Fuzûlî*는 튀르키예에서 가장 유명한 문학가로 평가받는다. 유목민 가문에서 태어나 신학 공부를 한 그는 수학과 과학에도 관심을 기울였다. 오랫동안 언어학, 과학, 신학을 향했던 그의 관심은 나이가 들면서 시로 향했다.

퓌줄리의 작품 중 가장 유명한《라일라와 마즈눈》은 중동판《로미오와 줄리엣》이라고 평가받는다. 사실 라일라와 마즈눈 이야기는 아랍어 구비 문학으로 이미 중동 지역에 이어져 오고 있었다. 많은 문학가가 이 사랑 이야기를 튀르키예어로 쓰려고

● 퓌줄리

● 라일라와 마즈눈

시도했지만 그중 가장 성공한 것이 퓌줄리의 작품이다. 퓌줄리는 다른 문학가와 달리 이 사랑 이야기를 소설이 아닌 시로 썼다. 그가 쓴 시는 두운, 요운, 각운까지 신경을 쓴 것으로 음률적으로 뛰어난 작품이라고 평가받는다.

세계에서 인정받는 오르한 파묵

2006년 노벨 문학상은 《내 이름은 빨강》이라는 작품을 쓴 오르한 파묵*Orhan Pamuk*에게로 돌아갔다. 1974년에 태어난 오르한 파묵의 처녀작은 《어두움과 빛》이다. 포스트모더니즘 문학과 밀접한 작품들을 낸 오르한 파묵은 노벨 문학상을 받기 전부터 이미 각종 국내외 문학상을 섭렵했다. 그의 소설은

63개 언어로 번역되어 100여 개국에 출판되었고 1,300만 부 넘게 판매되었다.

오르한 파묵은 문학가로서뿐 아니라 지식인으로도 유명하다. 그는 2005년 미국 〈타임〉지가 선정한 세계에서 가장 영향력 있는 100인에 뽑혔으며, 같은 해 미국의 〈포린 폴리시〉와 영국의 〈프로스펙트〉 잡지에서 진행한 여론 조사에서도 세계적으로 영향력 있는 사람 54위를 차지했다.

튀르키예 사람들의 웃음 코드를 만들어 낸 나스레딘 호자

알바니아, 아라비아반도, 아르메니아부터 아제르바이잔까지 튀르키예를 비롯해 방글라데시, 보스니아, 그리스, 중국, 러시아, 인도, 이탈리아, 아프가니스탄, 페르시아, 루마니아, 세르비아, 위구르 지역의 민담에 공통으로 등장하는 사람이 있다. 바로 '나스레딘 호자 *Nasreddin Hoca*'이다.

13세기 튀르키예에서 살았던 그는 여러 민담과 일화에 주인공으로 등장한다. 한국에서도 나스레딘 호자의 이야기가 《행복한 바보》라는 책으로 출간되었다.

그의 이야기에는 튀르키예 사람들의 전통적인 세계관이 잘 묘사되어 있고, '갑'에 대한 비판과 튀르키예식 풍자가 잘 드러나 있다.

이웃 사람이 나스레딘 호자의 집을 찾아왔다. 나스레딘 호자는 그를 반갑게 맞이했고 이웃은 그에게 부탁 한 가지를 했다.

"호자님, 옆 마을에 물건을 좀 운반하려는데 당신의 당나귀를 빌려주시면 안 되겠습니까?"

그러나 당나귀를 빌려주고 싶지 않았던 그는 무례하지 않게 대답했다.

"미안하지만 이미 다른 사람이 빌려 갔소."

그 순간 갑자기 벽 뒤에 있던 당나귀가 울어대기 시작했다.

"하지만 호자님, 당나귀가 벽 뒤에 있지 않습니까?"

그러자 나스레딘 호자가 화를 내면서 말했다.

"당신은 나를 믿습니까? 당나귀를 믿습니까?"

● 튀르키예 곳곳에 세워진 나스레딘 호자의 동상

하제르펜 아흐메트 첼레비

튀르키예 과학자 하제르펜 아흐메트 첼레비*Hezârfen Ahmed Çelebi*는 여러 분야의 연구를 많이 해서 본명인 아흐메트 대신 '1,000개의 학문을 안다'는 뜻을 지닌 '하제르펜'이라는 별명으로 불린다.

수많은 연구 중 그를 유명하게 만든 것은 낙하산 실험이다. 사람들 대부분은 낙하산을 루이 세바스티앙 레노르망*Louis-Sébastien Lenormand*이 1783년에 발명한 것이라고 알고 있으나 낙하산의 원리는 9세기부터 레오나르도 다 빈치*Leonardo di ser Piero da Vinci*를 비롯한 많은 학자가 주장했고 어떤 학자들은 낙하산을 그리기도 했다.

● 낙하산 실험

하제르펜 아흐메트 첼레비는 세계에서 처음으로 낙하산 실험을 했다. 당시 오스만 제국의 황제는 그에게 상금을 내리기도 했지만 후에 그의 무궁한 지식이 위험하다고 생각해 하제르펜 아흐메트 첼레비를 알제리로 강제 파견을 보내버렸다.

피리 제독

아흐메드 무힛딘 피리 제독*Ahmed MuhiddinPîrî Reis*은 세계적으로 이름을 떨친 튀르키예 과학자이다.

튀르키예의 해군이었던 그가 집필한 해양학과 관련한 자료들은 그 당시 많은 사람에게 영향을 끼쳤다. 피리 제독이 16세기에 그린 지도

● 피리 제독이 제작한 유럽 지도

는 아메리카 대륙을 가장 정확하게 그린 것으로 알려졌다. 그 지도는 한때 튀르키예 화폐 뒷면에 실렸으며 유네스코 세계 문화유산으로 등재되어 있다.

미국의 일부 학자들은 지도가 그 당시의 기술로는 절대 그릴 수 없을 만큼 너무 정확해 외계인의 도움으로 그렸을 거라고 주장하기도 했다.

함께 생각하고 토론하기

튀르키예에서는 음료에 대한 생각이 한국과는 많이 다릅니다. 튀르키
예는 커피 문화의 본고장이지만 튀르키예 사람들은 차를 가장 즐겨
마십니다. 이에 반해 한국은 동양 문화권이다 보니 한때 차 문화의 중
심지였지만 지금은 커피 시장의 블루오션이 되었습니다.

● 차와 커피 중에서 어떤 것을 더 좋아하나요? 좋아하는 이유에
관해 이야기해봅시다.

튀르키예의 가장 오래되고 유명한 무술은 오일 레슬링입니다. 그러나
오일 레슬링은 국제 올림픽 종목이 아닙니다. 그러다 보니 국제적으
로 성공하고 싶은 레슬링 선수들은 오일 레슬링보다는 국제 올림픽에
서 인정받은 그레코-로멘 레슬링을 선호합니다. 레슬링 선수들 사이
에서는 전통을 살리느냐 국제적인 유명세를 노리느냐가 선택의 큰 걸
림돌로 작용하고 있습니다.

● 만약에 내가 레슬링 선수라면 어떤 선택을 하겠습니까? 선택한
이유에 관해 이야기해봅시다.

5부

여기를 가면
튀르키예가
보인다

독서를 많이 한 사람이 아니고
답사를 많이 한 사람이 많이 안다.

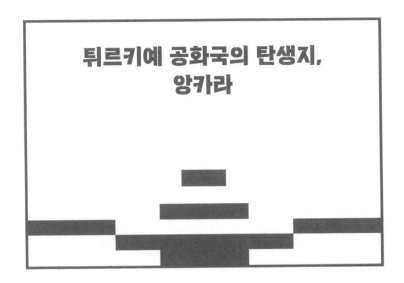

튀르키예 공화국의 탄생지, 앙카라

튀르키예를 방문하는 외국인들은 똑같은 말을 한다.

"수도는 앙카라이지만 앙카라에 가면 볼 것이 없다. 무조건 이스탄불에 가야 한다."

이 말은 반은 맞고 반은 틀리다. 일단 이스탄불은 튀르키예의 대표적인 관광 도시로 앙카라와 비교 대상이 안 된다. 관광이 목적이라면 이스탄불에 가는 것이 맞다. 그러나 튀르키예를 제대로 이해하려면 앙카라를 방문해야 한다. 특히 여기에서 소개하는 두 곳은 반드시 방문해야 한다.

아나톨리아 문명 박물관

튀르키예 공화국의 초대 대통령이자 국부인 케말 파샤는 아나톨리아반도의 첫 주인을 기억하고자 히타이트 박물관을 세웠다. 처음에는 오직 히타이트 문명과 관련한 유물만 전시되어 있었으나 고고학자들의 발굴 작업으로 발견된 다른 고대 문명의 유물도 전시되다 보니 이름을 변경할 수밖에 없었다.

이름이 변경된 아나톨리아 문명 박물관에는 히타이트 문명 유물이 가장 많고, 프리기아 문명, 최초의 공인 통화 체계와 화폐 제도를 발명한 리디아 문명, 최초의 광업 민족으로 알려진 우라르투 문명 등 아나톨리아 지역에서 싹튼 다양한 문명의 유

● 아나톨리아 문명 박물관 내부 모습

224

물이 전시되어 있다.

아나톨리아 문명 박물관은 처음에는 앙카라성에 있는 작은 건물에 지어졌지만 다양한 문명의 유물을 전시하다 보니 공간이 부족해 성 부근에 있는 다른 역사적인 건물들을 박물관으로 활용하고 있다.

이 박물관을 방문하는 외국인들은 박물관인지 역사 유물 창고인지 헷갈릴 정도로 전시해 놓은 유물들을 보고 깜짝 놀란다. 대부분의 박물관에서는 역사 유물들을 유리로 된 관 안에 보관하지만 아나톨리아 문명 박물관에는 아무런 장치 없이 전시되어 있기 때문이다. 즉 관람객들은 원한다면 고대 문명 유물들을 마음대로 만질 수 있다.

아느트카비르 해방전 박물관

아느트카비르는 튀르키예의 국부인 케말 파샤의 무덤이다. 이곳은 소위 현충원 같은 장소이다. 케말 파샤 친구들의 무덤도 안치되어 있으며 매년 케말 파샤가 서거한 11월 10일에는 국가 차원에서 추모 행사를 치른다.

케말 파샤의 묘비 밑에는 박물관이 있다. 바로 해방전 박물관이다. 이 박물관은 튀르키예의 해방전쟁과 관련한 역사적인 기록을 보관해 놓은 기념관과 케말 파샤의 소지품이 있는 케

● 케말 파샤와 그의 친구들이 묻혀 있는 아느트카비르

팔 파샤 기념관으로 구성되어 있다.

해방전 박물관 초입에는 1차 세계대전에서 패배하고 연합군에게 점령당한 뒤 튀르키예가 어떻게 다시 뭉쳤고 새로운 해방군을 창설했는지에 대한 과정과 연합군을 대표한 그리스와의 전쟁을 보여주는 기념물과 기록물이 전시되어 있다. 해방전쟁이 어디서 어떻게 치러졌는지 상세히 볼 수 있는 지도와 그림, 홀로그램이 있어서 튀르키예 공화국을 탄생시킨 전쟁에 대해 제대로 알 수 있다.

그다음 전시실에는 케말 파샤와 관련된 기념관이다. 케말 파샤의 젊은 시절을 볼 수 있고 그의 소지품과 그가 읽었던 책들, 본인이 직접 집필한 책, 그리고 다른 나라 정상에게서 받은 선물까지 전시되어 있다.

마지막 전시실에는 케말 파샤가 튀르키예 공화국을 건국하고 난 후 실시했던 개혁과 공화국의 초기 시절 자료들이 전시되어 있다. 이 전시실을 관람하면 케말 파샤와 그의 친구들이 열악한 상황에서 어떻게 나라를 부흥시켰는지 알 수 있다.

아나톨리아 문명 박물관과 아느트카비르에 가면 튀르키예의 과거 모습과 100년 전 튀르키예 공화국의 시작점을 보고 튀르키예라는 나라를 제대로 이해할 수 있다.

이 두 박물관 외에도 앙카라에는 볼거리가 꽤 있다. 쇼핑거리이자 진짜 예술가들이 모이는 장소인 크즐라이는 서울의 인사동과 명동을 합해놓은 것과 비슷하다. 예전에 크즐라이에 찾기 힘든 고서적들을 구매하러 갔는데 멋진 가게와 맛집이 많아 재미있는 시간을 보내고 온 기억이 생생하다.

초기 기독교와 초기 이슬람 문명을 볼 수 있는 카이세리

카이세리라는 잘 알려지지 않은 도시이지만 한국 사람이라면 관심 깊게 살펴보아야 하는 곳이다. 카이세리에 있는 국립대학인 에르지에스대학은 앙카라대학과 함께 한국어학과가 오래전부터 있었기 때문이다. 에르지에스대학에서는 한국인 교수들이 한국어를 가르치고 있다. 그러다 보니 한국에 와 있는 튀르키예 유학생 대부분이 앙카라대학이나 에르지에스대학 출신이다.

로마 제국의 황제 티베리우스*Tiberius*는 이 지역을 '황제의 거리'라는 뜻을 지닌 '카이사레아*Caesarea*'라고 이름 지었는데 카이세리는 그 이름에서 유래한 것이다. 카이세리는 아나톨리아 반도에 처음 들어왔던 셀주크 제국의 이슬람 문명을 가장 잘

● 카파도키아 열기구 투어(출처: ROTABIZDEN)

볼 수 있는 도시이다. 카이세리 근처에 있는 카파도키아를 통해 초기 기독교 문명도 볼 수 있다.

초기 기독교의 성지, 카파도키아

카파도키아는 카이세리에서 1시간 정도 떨어진 거리에 있다. 기암 마을로 이루어진 이곳을 사람들은 '스머프 마을'이라고 부르기도 한다. 이곳에 있는 기암 마을의 모습이 버섯과 비슷해 마치 다른 행성에 온 것 같은 느낌을 받기 때문이다. 특히 카파도키아의 열기구 투어는 세계적으로 유명하다.

카파도키아는 오랜 역사를 지니고 있다. 로마 제국이 다신교를 국교로 삼았던 시절, 기독교 신자들을 탄압했는데 그들이 로마 제국의 탄압을 피해 카파도키아로 피신했다. 기독교 신자들은 지하 7층 깊이의 지하 도시를 만들어 땅 밑에서 생활하면서 신앙을 유지했다.

로마 제국의 탄압에도 기독교는 빠른 속도로 로마 제국에 확산하였고 더 이상 기독교를 탄압할 수 없었던 로마 제국은 국교를 기독교로 바꾸었다. 그때부터 카파도키아가 일반인에게 공개되면서 신학의 성지가 되었다. 많은 사람이 신학을 공부하려고 카파도키아를 찾았다. 초기 기독교 신학 발전에 큰 공을 세운 카이사레이아의 주교 바실레이오스, 콘스탄티누폴리스 대주교이자 나지안조스의 주교 그레고리오스, 니사의 주교 그레고리오스가 카파도키아 출신이다. 이들을 '카파도키아 교부'라고 부르기도 한다.

8세기 비잔틴 제국에서는 일종의 종파적인 내전이 터졌다. 바로 성상 파괴 운동이다. 한쪽에서는 성상은 이단이므로 파괴해야 한다고 주장했고, 다른 한쪽에서는 성상 파괴 자체가 종교적인 상징에 대한 무례한 행동이라고 맞섰다. 사실 이 갈등은 어렵게 정권을 잡은 레오 3세*Leo III*가 기독교를 이간질하면서 교회의 힘을 약화하려는 속셈이었다. 레오 3세는 성상 파괴를 주장하는 세력의 편을 들었다.

이 종교적인 혼란 시기에 신앙생활을 유지하고 싶었던 기독

교 신자들은 몇백 년 전 조상들이 그러했듯 카파도키아로 피
신했다. 카파도키아에 있는 파괴된 벽화들은 그때의 가슴 아픈
역사가 담긴 유물이다.

셀주크 제국의 주요 도시 카이세리

카이세리는 셀주크 제국의 문화 도시이자 제2의 수도로 중
요한 역할을 한다. 현재 카이세리에 있는 유적지들은 12세기
부터 이 지역에 있던 건물들이다. 셀주크 제국 때의 카이세리
는 비잔틴 제국보다 훨씬 선진화되어 있었다.

● 셀주크 제국의 전성기를 볼 수 있는 카이세리성

아나톨리아반도에 쳐들어와 셀주크 제국을 무너뜨린 몽골 제국은 카이세리에 총독부를 설치했다. 이때부터 카이세리는 몽골 제국의 아나톨리아 임시 수도 역할을 했다. 이처럼 12세기와 14세기에 걸쳐 카이세리는 문화적, 경제적으로 엄청나게 발전했고 그 영향력을 오늘날까지 유지하고 있다.

카이세리는 지정학적으로 전쟁이 일어날 수 있는 위치가 아니어서 유적지들이 잘 보존되어 있다. 3세기에 지어진 것으로 추정되는 로마 제국의 요새, 13세기에 지어진 후낫 하툰 이슬람 사원, 하즈 클르치 이슬람 사원이 대표적이다.

카이세리는 무역 허브 역할을 하기에도 좋은 위치에 있어서 경제적으로 발전되었다. 이곳 사람들은 예로부터 사업과 무역에 수완이 좋았다. 튀르키예에서는 사업을 잘하는 사람에게 "너 카이세리 출신이야? 분명히 카이세리에서 물이라도 마신 적이 있을 거야."라고 우스갯소리를 하기도 한다.

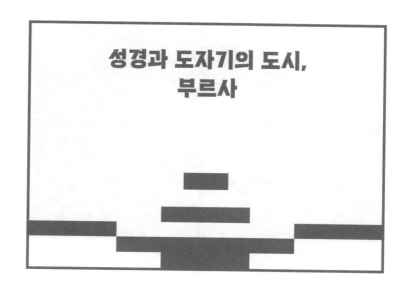

성경과 도자기의 도시, 부르사

튀르키예 곳곳에는 기독교와 이슬람을 대표하는 도시가 있다. 중부 지역에 카이세리가 있다면 서부 지역에는 부르사가 있다.

1317년 오스만 제국이 부르사를 함락시키려고 하자 부르사 도지사는 비잔틴 제국의 황제에게 도움을 청했다. 황제는 부르사에 성벽이 있어 안전하다고 생각해 군사를 보내지 않았다. 황제의 결정에 부르사 도지사는 "오늘 이 부르사 성벽을 넘을 군대는 내일 콘스탄티노플의 성벽도 넘을 것이다."라고 예언했다. 그만큼 부르사는 비잔틴 제국의 중요한 도시였다.

부르사가 세계사에 등장한 것은 기독교 덕분이다. 로마 제국의 콘스탄티누스 1세가 수도를 콘스탄티노플(이스탄불)로 옮기고 나서 부르사의 니케아군에 별궁을 만들었는데, 기독교를

● 니케아 공의회가 개최된 아야소피아 성당

국교로 받아들인 후 이곳에서 기독교의 공의회를 열었다. 첫 공의회가 열리자 세계 곳곳에 있는 기독교 신학자들이 니케 아로 모였다. 그 후 이곳에선 공의회가 일곱 차례 더 열렸다.

셀주크 제국은 니케아를 정복하고 수도로 지정한 후 비잔틴 제국을 정복할 기회를 기다렸다. 그러나 십자군 전쟁이 터지 면서 모든 계획이 무산되었다. 십자군의 힘을 빌린 비잔틴 제 국은 셀주크 제국을 니케아에서 몰아냈다.

니케아가 엄청난 발전을 거듭한 것은 사실상 십자군 덕분이 었다. 4차 십자군 전쟁 당시 유럽에서 온 군인들은 예루살렘까 지 가는 것이 귀찮아 '예루살렘을 정복할 영웅'으로 대접받으 면서 콘스탄티노플을 약탈했다. 약탈로도 부족했는지 비잔틴 제국을 없애버리고 그곳에 라틴 제국을 세웠다.

십자군의 침략으로 쫓겨난 비잔틴 제국의 관료들은 니케아로 피신해 새로운 제국을 세웠다. 그리고 60년 뒤 콘스탄티노플에서 라틴 세력을 몰아내고 비잔틴 제국을 부활시켰다. 라틴 세력이 60년 동안 임시 수도로 삼은 시기에 니케아는 엄청나게 발전했다.

도자기 산업의 중심

튀르키예에서 부르사 도자기나 니케아 도자기는 꽤 유명하다. 중동과 유럽 사이에 위치한 이 도시의 도자기가 유명해진 이유는 이슬람 덕분이다.

1317년 부르사를 점령한 오스만 제국은 이곳을 수도로 삼은 후 수많은 이슬람 사원을 세우고 사원 외부를 중국 도자기로 꾸몄다. 그 후 같은 스타일의 이슬람 사원이 많아지면서 다른 지역에서도 부르사처럼 이슬람 사원을 짓다 보니 도자기의 수요가 늘어났다. 그 결과 부르사에서 도자기 생산이 주요 산업으로 자리 잡게 되었다. 15세기부터 이어진 도자기 생산은 오늘날까지 이어지고 있다.

볼거리가 많은 부르사

튀르키예에서는 이스탄불, 앙카라, 이즈미르를 제외하고는 모두 지방으로 지칭한다. 부르사는 지방이지만 경제적으로 크게 발전된 도시이다. 자동차 산업을 비롯해 여러 분야에서 앞섰던 부르사는 문화와 관광 분야도 발달했다.

오스만 제국 초기 시절의 수도이다 보니 부르사에는 이슬람 유적지가 많고 다른 이슬람 국가에서 관광객이 많이 온다. '부르사 울루 자미'라는 이슬람 사원이 대표적인 유적지이다. 이 사원 안에는 이슬람식 서예 작품들이 전시되어 있다.

부르사 울루 자미 사원 옆에는 '코자한'이라는 전통 비단 시

● 코자한 전통 실내 시장(출처: 부르사 시청)

장이 있다. 이 시장에서는 캐시미어 제품을 비롯해 질 좋은 섬유 제품을 팔고 있다.

　부르사는 문화, 스포츠 분야에서도 유명하다. 문화 관련 기관이 많고 문화 행사가 자주 열려서인지 이곳 출신의 유명한 가수와 배우가 많다. 그리고 부르사에는 튀르키예 최고의 축구 리그인 쉬페르리그에서 최초로 우승한 축구팀인 부르사 구단이 있다.

러시아와 끈질긴 인연, 카르스

독특한 건축 스타일의 아니

튀르키예 동부의 상징이자 러시아 제국이나 카프카스 지역의 영향을 받은 카르스는 독특하다는 이미지가 있다. 카르스에서 가장 먼저 방문해야 할 곳은 아니*Ani*이다. 카르스 외곽에 위치한 역사 유적지인 아니에 가면 어느 순간 시간 개념이 사라지고 몇백 년 전으로 가는 느낌을 받는다.

9~12세기까지 아르메니아족이 세운 파크라두니 왕국의 수도였던 이곳에는 예쁜 아르메니아 정교회 성당들이 있다. 파크라두니 왕국은 비잔틴 제국에게 멸망당한 후 쿠르드족과 튀르크족의 지배하에 있다가 셀주크 제국의 지배를 받았다. 그래

● 아니 대성당

서 아니에는 이슬람 사원 유적지 또한 많다. 이곳의 이슬람 사원 건축 양식은 튀르키예에서는 보기 힘든 아르메니아 성당의 건축 양식과 상당히 비슷하다.

러시아 제국의 흔적

카르스 시내에서는 러시아 제국의 흔적을 볼 수 있다.

1800년대 말 오스만 제국과의 전투 끝에 카르스를 함락한 러시아 제국은 이곳에 시청 청사, 도서관, 그리고 성당들을 지었다. 그래서 40여 년 동안 러시아 제국의 지배를 받은 카르스

● 러시아 제국이 지은 카르스 시청 청사

곳곳에는 러시아 건축 스타일의 건물들이 있다. 볼셰비키 혁명 이후 다시 튀르키예 공화국에 합류되었지만 러시아 제국 시절에 지어진 건물들을 그대로 사용했다.

  카르스의 상징인 페티예 이슬람 사원은 이슬람 건축물 같지 않다. 러시아 제국 시절에 만들어진 이 사원은 러시아 사람들을 위한 성당이었다.

함께 생각하고 토론하기

코로나19 팬데믹 이전 튀르키예의 관광 산업은 활황을 누리고 있었습니다. 관광 산업은 한 국가의 이미지에 긍정적인 영향을 미치면서도 가장 친환경적인 산업입니다. 그러나 한국의 한옥 마을처럼 역사 유적지에 지역 거주민이 살고 있고 이들은 관광객이 일으키는 문제 때문에 다소 불편함을 겪고 있습니다. 그러다 보니 국가 경제가 먼저냐 지역 주민의 권리가 먼저냐의 논쟁이 계속되고 있습니다.

● 역사 유적지에 살고 있는 지역 주민의 입장에 대해 다음의 두 입장으로 나뉘어 토론해 봅시다.

국가 경제를 위해 지역 주민들은 불편함을 감수해야 한다.

VS.

지역 주민의 권리를 보장해야 한다.

튀르키예 속 한국, 한국 속 튀르키예

　튀르키예와 한국의 수교는 공식적으로는 1957년에 맺어졌다. 그와 더불어 한국은 이스탄불의 경제적인 중요성 때문에 2007년 주이스탄불 총영사관도 개설했다.

　튀르키예의 수도 앙카라에는 한국공원이 있는데 한국전쟁에 참전한 튀르키예 군인들을 기념하는 기념탑이 있다. 1973년 완공된 이 공원은 한국과 튀르키예, 양국 관계의 상징 중 하나이다.

　한국과 튀르키예의 활발한 외교 관계는 두 나라가 형제 나라였다는 사실 때문이기도 하지만 한국 기업들의 튀르키예 진출 때문이기도 하다. 튀르키예에 처음으로 진출한 한국 기업은 '카스'라는 전자산업 회사로 1992년 이스탄불에 지부를 개설했다. 5년 후 튀르키예에 진출한 현대자동차는 이즈미트에 대형 자동차 공장을 세웠다.

　2000년대 이후부터 많은 한국 기업이 튀르키예에 지부를 두기 시작했다. 그중 CJ엔터테인먼트는 튀르키예의 최대 영화관 회사인 MARS 엔터테인먼트 그룹의 지분을 100퍼센트 인수

하면서 튀르키예 영화 시장을 장악했다. 사실 한국과 튀르키예의 관계를 지속하는 것은 경제 활동보다 문화 활동이 더 큰 역할을 한다. CJ엔터테인먼트의 이와 같은 도전은 한국과 튀르키예 관계를 더 발전시킬 거라 예상한다.

한국 문화를 이해하려면 한국어 교육이 기본이다. 앙카라대학과 에르지예스대학에는 한국어학과가 있고, 앙카라에 있는 주튀르키예 한국문화원에서도 한국어 교육을 활발하게 하고 있다. 또한 튀르키예의 대도시에 있는 세종학당에서도 한국어와 함께 한국 문화를 가르치며 양국 교류에 큰 공을 세우고 있다.

튀르키예뿐 아니라 한국도 두 나라의 관계를 돈독히 하려는 움직임이 보인다. 1957년 한국에 튀르키예 대사관이 설치되었다. 아직 튀르키예 영사관은 없지만 부산에 있는 유엔 기념공원을 방문하는 튀르키예 사람이 많다는 이야기를 듣고 박사익 선생이 튀르키예의 명예 영사로서 부산에서 활동하고 있다.

튀르키예 앙카라에 한국공원이 있듯이 서울 여의도에도 앙카라공원이 있다. 1977년 개원된 이 공원에는 '앙카라 집'이라고 불리는 기념관이 있다. 이곳에는 튀르키예 전통을 느낄 수 있는 튀르키예 용품들이 전시되어 있다.

여의도 앙카라공원뿐 아니라 용인에는 튀르키예군 한국전쟁 참전 기념비가 있고, 수원에는 앙카라학교공원이 있다. 앙카라학교공원은 한국전쟁 당시 튀르키예군이 고아들을 위해 세운 앙카라학교가 있던 곳이다. 나는 앙카라학교공원의 개원식에 참석한 적이 있다.

아쉽게도 튀르키예항공사 이외에 한국에 진출한 튀르키예 기업은 거의 없다. 그러나 한국에서 성공한 튀르키예의 요식 업체가 있는데 튀르키예 유학생 두 명이 만든 케르반 그룹이다. 현재 9개의 레스토랑과 3개의 패스트푸드 매장, 2개의 베이커리 카페가 한국에 있다. 케르반 그룹은 거의 독점이다시피 한국에 튀르키예 음식 문화를 전파하고 있어 빠르게 성장하고 있다. 이외에도 서울대학교를 비롯해 한국 유수의 대학에서 튀르키예 문화와 튀르키예어를 교육받을 수 있고, 서울과 부산에 있는 튀르키예 이스탄불문화원을 통해 튀르키예 문화를 만날 수도 있다.